学者文库

论道德模范的社会功能

张文杰◎著

图书在版编目（CIP）数据

论道德模范的社会功能/张文杰著. —北京：中国书籍出版社，2019.8

ISBN 978－7－5068－7388－8

Ⅰ.①论… Ⅱ.①张… Ⅲ.①社会主义精神文明建设—研究—中国 Ⅳ.①D648

中国版本图书馆 CIP 数据核字（2019）第 156597 号

论道德模范的社会功能

张文杰　著

责任编辑　刘　娜　刘文利
责任印制　孙马飞　马　芝
封面设计　中联华文
出版发行　中国书籍出版社
地　　址　北京市丰台区三路居路 97 号（邮编：100073）
电　　话　（010）52257143（总编室）　（010）52257140（发行部）
电子邮箱　eo@ chinabp. com. cn
经　　销　全国新华书店
印　　刷　三河市华东印刷有限公司
开　　本　710 毫米 × 1000 毫米　1/16
字　　数　156 千字
印　　张　14
版　　次　2019 年 8 月第 1 版　2019 年 8 月第 1 次印刷
书　　号　ISBN 978－7－5068－7388－8
定　　价　78.00 元

前　言

在中华民族五千年的悠久历史文化长河中，一直就有尊崇道德模范、树立道德楷模以教导民众进而实现“德治天下”的传统和社会追求。新中国成立后，尤其是在党的十八大以来，以习近平同志为核心的党中央高度重视道德建设，在新时代中国特色社会主义现代化建设的伟大实践中选树道德模范和典型，充分发挥道德模范的社会功能，使其成为引领人民建设新时代中国特色社会主义的重要精神力量。可以说，道德模范作为社会道德的人格化身，是时代的楷模、社会的先锋，是民族精神和时代精神的生动写照。充分研究道德模范及其社会功能，畅通发挥道德模范社会功能的途径，是在新时代背景下提高公民道德素质、提升全社会道德水准和文明水平的重要内容和有效路径，是凝聚人心智识、实现中华民族伟大复兴中国梦的内在要求和精神保障。

为提升道德模范社会功能相关研究的科学性和有效性，本文着眼于历史与当下、传统与现代、理论与实践、宏观与微观、个性与共性的统一，遵循“理论探究—历史梳理—当下审视—实践升华”的逻辑路径。其中，“理论探究”主要是在总结概括前人相关研究成果的基础上，对道德模范做基本概念的界定，并明确其内涵、特征、社会功能及其影响因素，为接下来的系统论述打好理论基础；“历史梳理”主要是以历史的视角对中国古代道德人物及其社会功能发挥做一个系统的梳理；对新中国成立以来出现的道德模范及其社会功能，进行一个系统的分析，概括其历史演进基本模式、作用发挥以及对当代的启示，为当下道德模范社会功能的发挥提供一个历史的对比和借鉴；“当下审视”主要是着眼于道德模范的时代性，以21世纪以来，尤其是党的十八大以后的社会时代发展需求为背景，对我国道德模范及其社会功能发挥的相关情况做一个系统的描述，掌握其现状，并以2007年开始的“全国道德模范评选表彰活动”作为典型案例，以问卷调查的方式对道德模范社会功能的相关问题进行实证研究，掌握当前道德模范推选活动的一般概况，分析其功能发挥的成效、原因以及面临的问题，并进一步从政治、经济、文化、社会心理等诸方面分析出影响道德模范社会功能发挥的各种要素；“实践升华”是在借鉴社会符号学、传播学、思想政治教育学等理论成果的基础上，结合对相关历史进程的概括以及当下的突出问题，提出充分发挥道德模范社会功能的路径：打造中国的道德符号，构建系统化、多层次的道德模范传播体系，优化道德模范榜样教育实施路径，营造常态化的道德模范社会培养和保障机制。最后部分的总结与展望则是进一步总结本文研究成果，并站在中国特色社会主义建设新时代的起点上展望道德模范社会功能发挥的广阔前景和提升社会道德水平的重要作用。

新时代需要有新担当，新社会需要有道德模范的精神滋养和榜样的引领。本文研究的道德模范社会功能问题，具有鲜明的时代价值和广泛的社会意义，其实现过程既是个人道德水平的提高，又是整个社会道德体系的完善，更是缓和、破解社会转型期、改革攻坚期各种复杂矛盾问题的重要途径。

目　录
CONTENTS

1 绪 论

1.1 选题缘起

将“论道德模范的社会功能”作为研究选题，是出于宏观与微观、社会与自我的双重考虑。从社会宏观层面，发挥道德模范社会功能以引领人心向善、构建和谐社会是践行社会主义核心价值观的重要内容，是弘扬主旋律、激发正能量的必然要求；就微观个体来说，以道德模范社会功能为题主要是基于个人的道德追求、使命担当、学术积累和成长经历的统一，力求以个体的公民身份叩响宏观的社会道德之门。具体来说，我的选题缘由如下：

第一，对弘扬社会主义核心价值观、构建社会和谐的践行。弘扬社会主义核心价值观，构建社会和谐需要切实加强公民思想道德建设，以弘扬中华民族传统美德和时代精神为核心，培树一大批道德模范。实际上，在源远流长的中华文明中，对道德情操的完善和不懈追求一直是我们引以为傲的优良传统和精神财富，对道德，人人心中都有一种天然的质朴追求和精神向往。在新时代，道德模范作为社会主义核心价值观的集中体现者，是社会主义精神文明建设的先锋和标兵，一个先进典型就是一本鲜活教材，一个道德模范就是一座城市的精神坐标。道德模范富有感化人心的力量，能够焕发出无声的感召力和强大的凝聚力，激发起每个人心中潜在的道德力量，见贤思齐、从善如流，从而带动公民思想道德水平整体提升①，弘扬主旋律，激发正能量，继而推动社会各项事业的进步和发展。

第二，对新时代建设的客观审视和未来展望。模范是一个共性与个性交织的群体，个性体现在不同时代对模范有不同的定义和关注，体现在其社会功能的发挥有不同的路径和特点。在新时代背景下我们需要什么样的道德模范？我们如何把道德模范的社会功能最大化？“感动中国”人物评选、全国道德模范评选这些在当下具有广泛影响的道德模范推介活动是契合当下国人的道德需求，是否能有效发挥其社会引导、教化、激励功能？要回答这些问题，我们就必须将关注的焦点放在当下的时代背景，全面掌握当下道德模范社会功能发挥的客观情况，找到限制其发挥作用的不利因素，并站在时代的制高点上，创新体制机制，完善方式方法，畅通发挥道德模范社会功能的路径。如习近平总书记所

---

① 李宝强．道德模范是一座城市的精神坐标［EB/OL］．天涯论坛网，2014－09－05. http：//bbs. tianya. cn/post－77－601843－1. shtml.

说：要持续深化社会主义思想道德建设，弘扬中华传统美德，弘扬时代新风，用社会主义核心价值观凝魂聚力，更好构筑中国精神、中国价值、中国力量，为中国特色社会主义事业提供源源不断的精神动力和道德滋养①。

第三，对自我道德追求和社会担当的深切回应。作为一名出生于20世纪70年代初的人，我可以说是在道德模范的熏陶下长大的。无论是新中国成立前“为人民服务”的张思德，还是新中国成立后的“铁人”王进喜、“革命的螺丝钉”雷锋，还是当代的“杂交水稻之父”袁隆平、“航天英雄”杨利伟等等，他们爱国敬业、自我约束的道德追求深深地影响了我以及整个时代的人。像模范人物那样，提升自我的道德水准，踏实为社会进步、为人民福祉做出贡献并进而影响带动更多的人，一直是我自己内心深处的朴素愿望和追求，也是个体在新时代背景下的使命担当。多年的求学经历中，系统的理论学习和知识积淀使我能够以一种更加理性的视角去看待道德模范及其社会功能的发挥，认识到这既是一个社会问题更是一个学术问题，具有广泛的探索空间和研究价值。综上，我深深感受到了研究道德模范及其社会功能对个人和社会发展的重大理论和现实意义，这也成为我以此为选题的初心。

① 习近平对全国道德模范表彰活动作出重要批示［EB/OL］．人民网，2015－10－13．http：//politics．people．com．cn/n/2015/1013/c1024 27693671．html．

1.2 研究意义

见贤思齐，见不贤则内省。自古以来，中华民族就有通过发挥模范的教化作用来提升个人道德追求的优良传统。新中国成立后，道德模范更是成了激励几代人的道德符号和力量化身，一些具有鲜明中国特色的道德模范人物，其影响力突破了时代与国家的界限，成为在世界文化话语体系下获得普遍认知、可以广泛交流的中国道德符号。当前，在中国特色社会主义进入新时代的伟大历史进程中，研究道德模范的社会功能发挥，更是具有重要的实践意义和理论意义。

1.2.1 实践意义

一是有利于指导道德实践活动。当前全国各地有大量的道德模范、最美人物等评选活动，从社会各个地方、各个层面、各个行业选树了大量的道德模范，为人们的道德行为树立标尺。但同时也要看到，各地树立的道德模范虽然多但是有影响的较少，各种选树活动多样但是社会功能发挥得不够充分，某种程度中消耗了人们的道德热情，浪费了一定的社会资源。通过研究道德模范社会功能，探索出科学化、专业化的道德模范社会功能发挥路径，有利于进一步整合道德资源，指导道德实践，更好地发挥道德模范的作用。

二是有利于提高公民道德水平。榜样的力量是无穷的，一个模范就是一个标尺，就是一个楷模。通过充分发挥道德模范的社会功能，有利于将道德模范的道德思想、言行和事迹进行广泛深入的传播，用身边事教育身边人，用行为影响内心，从而提高公民个人的道德水平和追求。尤其是在当前的社会转型期，人们面临很多的社会变化和思想抉择，更需要有道德模范的精神指引和行为示范，让个体在纷繁的社会变革中坚守自己的道德追求，成为道德高尚的新时代中国特色社会主义好公民。

三是有利于构建和谐社会，弘扬和践行社会主义核心价值观。和谐社会的构建是一个复杂的过程体系，其中道德的力量尤其重要，它既关系到社会建设的方向和目标，更影响着社会建设的质量。尤其是道德模范所具有的引领和示范作用，反映了社会主义核心价值观的根本要求，也是其内部所含的重要内容。发挥道德模范的社会功能，有利于为和谐社会构建提供一个团结、向上的精神环境，有利于将社会主义核心价值观的要求行为化、具体化，使其更加便于理解和接受，并融入现实的社会建设中来。

四是有利于构建具有中国特色和时代风貌的道德模范社会功能体系，形成具有世界影响的中国道德符号。高尚的道德水准和社会氛围是跨越不同时代的各个国家、各个民族的共同追求，道德的共性定义之下又具有鲜明的时代特征和民族风格、文化特色，中国道德模范具有新时代的特点和显著的中国作风、中国气派，其社会功能的有效发挥必将产生世界影响，形成中国的道德符号。

1.2.2 理论意义

有利于进一步明确社会主义道德模范的定义、内涵和社会功能的相关概念，同时在历史的坐标体系下对中国道德模范社会功能做一个系统的梳理，在社会符号学、传播学等理论指导下，对道德模范社会功能发挥进行细节的分析、路径的构建，有利于进一步丰富道德模范相关研究成果，为其他学者的研究提供一定的借鉴。

1.3 国内外研究现状

1.3.1 国内研究综述

道德模范作为中国特有的道德人物评价概念，国内相关研究起步较早、研究也较充分，尤其是在20世纪90年代以后，很多国内学者将社会符号学、心理学、传播学等相关理论引入到研究中来，对道德模范的定义与内涵、历史与现状、功能与作用以及优化路径进行全方位的解读。具体来说包括：

一是关于道德模范的定义与内涵的研究。南通大学姜朝晖认为，模范是在一定历史时期经组织认定，公众舆论认可和公共传媒广泛传播，体现时代精神和人民意愿，值得公众效仿和学习的先进典型。① 中南林业科技大学廖小平认为，道德模范就是具有崇高的道德理想和道德境界、高尚的道德人格和道德品质、富有道德魅力和道德吸引力而令社会大众景仰、学习和模仿，从而对提升社会大众的道德素质和整个社会的道德水平产生重大影响的先进人物。② 华中师范大学曾斌荣认为模范是作为仿效的人或事例，他们是一定的历史条件和社会关系的必然产物，是社会先进的道德观和行为准则在典型人物上的集中体现，是由个体特定的形象要素、性质要素、层次要素和功能要素的有机结合。③ 还有的专家认为，模范是指对社会主体的人生发展有所启发并具有意义的人或者事迹，是值得学习的好人好事。模范作为一种精神价值载体，体现着人生发展的理性应然，也就相应地承载着一些特殊的精神内涵和行为规则，包括利他主义和自我牺牲精神、指向目标的超乎寻常的意志性行为、卓越的个人才能及社会贡献、代表着某种时尚或主流价值观。

二是关于道德模范历史与现状的研究。杭州师范大学杜新玥梳理总结了 1956 年至 1966 年间中国共产党道德模范教育的历史经验；湖南大学柳礼泉则将新中国成立后道德模范发展演变的历史进行了三段划分，认为新中国成立至“文革”前，主要是以战斗者与劳动者为主题；“文革”时期，主要是以模式化与政治化为基调；

① 彭怀祖，姜朝晖．榜样论［M］．北京：人民出版社，2002：8.

② 廖小平．论道德榜样——对现代社会道德榜样的检视［J］．道德与文明，2007（02）：71.

③ 曾斌荣．榜样教育在于创新［J］．安康师专学报，2004（16）：104.

改革开放至 20 世纪末，主要是以“群体”向“个性”转变为底色①。对于道德模范的现状，很多专家学者将关注的焦点转向全国道德模范评选表彰活动。武汉大学黄钊根据道德模范评选的时代特点，高度评价了国家的这一重大决定的深远意义。他认为，评选全国道德模范有利于全面提高我国公民的道德素质，对建设社会主义和谐社会和社会风气的改变具有深远的影响②。湖南郑爱莲指出，由于人们思想、价值取向和道德标准的不断变化，信息网络技术的快速发展，以及群众对道德榜样认同感的逐渐弱化等问题，只有创新全国道德模范选树机制、完善全国道德模范评选表彰活动的宣传机制、建立健全对全国道德模范的奖励和保障机制等，才能充分发挥模范的榜样作用。③

三是关于道德模范社会功能的研究。兰州交通大学宗晶认为，由于大众传播载体在新时期越来越成为思想政治教育的重要载体形式，应结合新闻媒体的特点及作用对道德模范进行有效的宣传报道，以实现和优化道德模范思想政治教育功能。④ 湖南师范大学黄捷指出，在依法治国的背景下应把道德模范的衍生活动及其后果等放在法律的视野里衡量。中南大学曾长秋和李盼强认为，培育公民

① 柳礼泉，庄勤早．新中国道德模范的历时性演进图景及其当代启示［J］．伦理学研究，2017，(06)：70－71.

② 黄钊．论评选表彰全国道德模范的深远意义［J］．思想政治教育研究，2009 (03)：1－3.

③ 郑爱莲．创新示范评选机制　充分发挥模范榜样作用［J］．湖南医科大学学报(社会科学版)，2008 (01)：100－101.

④ 宗晶．大众传播载体的思想政治教育功能实现——基于对道德模范典型宣传的理性思考［J］．兰州交通大学学报，2011 (05)：188－190＋209.

道德价值观是新时期思想政治工作的重要内容，评选表彰道德模范人物是新时期公民道德建设的基础性工程，树立道德模范人物是现阶段培育公民道德价值观的有效方法。[①] 山东师范大学李洋波指出，党和国家通过大力推进道德模范宣传活动以引领社会风尚、促进社会发展的过程中仍然存在些许问题。他认为，应注意完善道德模范宣传中的主客体关系，即加强主体间的合作、依据客体的实际情况进行宣传以及协调主客体二者之间的关系。南通大学成云雷认为，在道德规范内化的过程中榜样具有桥梁作用，其力量有助于全社会的人格优化，而且榜样能够减少市场经济对人们的负面影响。南通大学姜朝晖认为，榜样人格具有崇高的德行和扩散性，是社会主义核心价值体系要求的体现，在文化构建中发挥着引领导向作用，具有群体效仿效应和内化自律效应。

以个人有限的视野所见，国内学者对于道德模范及其社会功能的研究已经取得了一定的成果，积累了一些成熟的经验，但是对新时代背景下，在全面深化改革造成社会结构和个体境况发生巨大变化的前提下，如何与时俱进地深化道德模范内涵、扩展其社会功能、优化其发挥路径，还需要进行更加深入地探索。

1.3.2 国外研究综述

国外没有明确的道德模范的概念，但是他们同样重视榜样教

① 曾长秋，李盼强．树立道德模范人物与提升公民道德价值观［J］．中州学刊，2012（03）：33－36.

育，重视道德建设对个体以及社会的影响，并形成了自己的理论与话语体系。综合来看，国外对道德模范的研究主要集中在以下几个方面：

一是关于榜样教育的研究。国外与模范对应类似的概念是榜样，对榜样研究最为著名的是美国心理学家阿尔伯特·班杜拉（Albert Bandura）的社会学习理论。该理论认为个体可以通过观察和模仿榜样行为，而习得某些新行为。在班杜拉的社会学习理论中，他非常重视榜样的作用。他认为虽然人的行为可以通过模仿、学习获得，但是获得行为的效果好坏与否则是与榜样有极大的关系。诸如榜样自身的素质高低，榜样魅力的大小，榜样行为的复杂程度以及榜样行为的结果等等这些因素都会影响观察者的行为表现。

此外，苏联教育实践家和教育理论家苏霍姆林斯基在长期的教学活动中，对榜样人物的教育价值、如何利用榜样进行教育、教师的榜样意义以及教师如何做榜样进行了相应的研究，从切身体会的教学实践中总结出榜样教育的观点。他认为，鲜明、生动、有力的榜样形象更易于向学生揭示道德思想，激起他们深刻的道德审美情感。榜样的感人事迹所体现出来的优秀品质、崇高精神和强烈的道德感能打动学生的思想和情感，唤起他们对道德理想的追求。因此他认为，榜样实例是最好的、无可取代的教育手段。

综合看来，国外对于道德模范的问题及应对措施的分析多是集中于对榜样教育的研究，而且多是集中于对榜样教育理论的探讨。

二是研究模范对个体的影响。国外有些学者以自我形象为桥梁，在目标实现的过程中探讨个体和模范的关系，对个体的因素进行了更细化的研究。美国心理学家威廉·詹姆斯（William James）在其一项有关人类自动性的研究中发现，优秀人物（暂且称之为模范）形象的呈现会自动地影响个体的目标获得①。有证据表明，优秀的模范形象的呈现，能赋予个体新的目标，而其影响可以从工作上的坚持性和行为表现中观测出来。Stapel&Koomen 界定了两种不同的模范：正面和负面角色模范②。所谓正面角色模范就是指取得了杰出成功的个体，一般认为能够激发别人去取得同样的成功；所谓负面角色模范就是经受了不好遭遇的个体，诸如惨重的失败、严重的后果等，一般认为这类个体对于别人也有激励作用。Penelope Lockwood 认为，正面和负面的模范对人们的激励作用有赖于当时人们所追寻的目标。只有当个体所要追逐的目标和自己所面对的模范一致的时候，这种模范对于个体才能够产生激励作用，推动个体完成一定的作业，并付之拼搏和努力。③

Lookwood 和 Zivakunda 在研究的时候发现：当个体接近自己的目标的时候，个体的抱负水平却降低了，最好自我形象的呈现降低

---

① Shah Jame. The motivational looking glass：how significant others implicitly affect goal appraisals ［J］. Journal of personality and Social Psychology，2003，（09）：424－429.

② Staple，D A，Koomen. W. I，we and the effects of others on me：how self－construal level moderates social comparison effects ［J］. Journal of Personality and Social Psychology，2001（05）：766－786.

③ Lockwood Penelope，Jordan Christian H，Kunda Ziva. Motivation by positive or negative role models：regulatory focus determines who will best inspire us ［J］. Journal of Personality and Social Psychology，2002（10）：854－864.

了模范的激励力量。当具有趋进式目标的个体，遇到消极模范时，阻碍了个体对未来理想自我形象的想象，从而降低了个体对美好未来追求的渴望，使得个体的动机水平得以下降。当具有回避式目标的个体，遇到积极模范时，因为两者关注目标上的不一致，积极模范所展示的未来的自我形象与个体的现实自我形象以及应该的差距太大，这样的自我对于自己来说是很难实现和达到的，因此产生的挫败感降低了个体的动机水平。

三是研究模范的社会功能。英国经济学家、哲学家亚当·斯密的《道德情操论》以类似同情的方式来解释道德情操是什么，指出道德是人类社会和谐发展与稳定联系的基础，呼唤世界各国充分发挥好道德的伟大作用，以更好的维护世界市场经济的健康发展。美国学者理查德·斯波内洛提出把道德个体与文化建设统一于普遍的人性，政府应加强虚拟网络世界的道德建设，防止公民道德的滑坡现象出现。当代美国著名精神分析学家、哲学家和社会学家艾瑞克·弗洛姆的人性理论，从人道主义与反人道主义的角度出发，以“异化”思想为理论基础，深刻地批判了资本主义社会的道德滑坡现象，并研究论述了马克思主义的人道观、弗洛伊德精神分析理论、犹太教的道德观的道德内核，提出了具有以人为本的人道主义的道德观，意在追求使西方社会道德病态走向健全的道德社会，指出公民道德研究的核心目标是培养人格，提倡社会整体的道德建设与公民的自我道德完善相结合。英国自由主义哲学家卡尔·波普不支持政府对道德进行制约与干预，认为国家是个人自由的片面保护者，不能负责影响人们的道德生活，认为政府干预道德只会导致集权主义的出现，因而提出政府绝不能干预公民的道德生活。

综上所述，与国内的宏观上把握、整体上分析的模范研究比较而言，国外的研究更加细节化、具体化，与实际联系得更加紧密，同时用实验的方法来研究模范的可行性给本文的研究予以极大的启发，这应该也是我们研究道德模范社会功能的一个方向，值得国内研究借鉴①。

1.4 研究的重点、难点与创新点

1.4.1 研究重点

本文研究的重点包括：

1. 科学确立道德模范的概念和内涵，合理界定道德模范的范围，遵循历史与现实逻辑的统一，并在此基础上进一步明确其社会功能和价值，尤其要注重在不同历史时期对其价值评判点的不同侧重，以及对于个体道德提升和社会整体道德水准的不同意义。

2. 梳理不同历史时期道德模范社会功能发挥的模式和特点，通

① 杨晓燕．优化榜样激励——关注目标类型与榜样类型的匹配研究［D］．江苏：南京师范大学，2006：14－15.

过纵向的对比从现象中找到规律。尤其是针对已开展的“全国道德模范”评选活动，将其作为一个单一的案例，通过调查问卷的方式，对其开展模式、作用发挥路径、社会认同感等方面的内容进行系列详细地剖析。

3. 积极探索优化道德模范社会功能发挥的路径。其中既要结合我国当前新时代的国情、也要突出世界视野；既要考虑当前的技术支撑和保障，也要考虑受众的现实情况；既要总结当前已有的实践经验，又要充分利用社会符号学、心理学、思想政治教育学、传播学等相关理论进行系统优化。

1.4.2 研究难点

本文的研究难点主要体现在：

1. 研究范围跨越不同历史时期。从新中国成立以来到改革开放再到当前的新时代建设，近 70 年的历史跨越中涵盖着大量的不同种类、不同层次、不同影响的道德模范，他们在各自的时代发挥着自己的作用，既有共通之处又有各自不同的特点，对其进行整体把握和系统梳理无疑是一个挑战。

2. 研究内容涉及多个学科领域。道德模范社会功能的发挥与社会环境、个人认知、国民教育水平、道德模范的典型性等密切相关，如何结合社会符号学、传播学、马克思主义理论、思想政治教育学等学科理论，强化道德模范社会功能成为最关键、十分重要以及比较难以解决的问题。

1.4.3 创新点

本文在学术研究上主要有下列创新点：

第一，历史的视角。本文以道德模范社会功能为主线，将中国古代道德人物社会功能、新中国成立以来以及十八大以来的道德模范社会功能做一个历史的、全面的梳理，形成中国道德模范社会功能的历史的平面图，在纵向地对比中探究规律、总结经验，极大提升了研究的创新价值。

第二，多种理论的融入。本文将社会符号学、传播学、思想政治教育学等相关理论引入道德模范社会功能的研究中，用新理论带来新视野新思路解决老问题，增强研究的时代感和科学性，提升研究的应用价值。

第三，案例的分析解读。本文不是对道德模范社会功能的发挥进行理论对理论的空谈，而是结合大量案例进行实际分析，全面了解概况，深入剖析，科学提出对策，带有鲜明的问题导向和实证色彩。

1.5 研究的基本思路与框架

本文对道德模范社会功能的研究着眼于历史与当下、传统与现代、理论与实践、个性与共性的统一，遵循“理论探究—历史梳理—当下审视—实践升华”的逻辑路径，运用道德模范社会功能的相关理论，明确道德模范社会功能的基本概念和特征，梳理中国道德模范社会功能发展的历史沿革，在此基础上，以“全国道德模范”评选活动为例探究我国公民道德建设的现状和我国公民道德建设面临的挑战，社会转型期道德模范社会功能发挥的现状与成效，重点总结社会转型期道德模范社会功能发挥面临的问题，并深层次分析社会转型期道德模范作用式微的原因；最后，结合社会符号学、传播学、马克思主义理论、思想政治教育学等理论，提出发挥道德模范社会功能的对策与路径。具体研究主要分为六个部分：

第一章是绪论，主要是通过本人的前期理论积累和实践经验，提出本次研究的研究背景和意义，重点对国内外相关研究成果进行梳理，并在此基础上明确本研究的思路方法以及研究的难点、重点和创新之处。

第二章是“理论探究”，主要是在总结概括前人相关研究成果的基础上，对道德模范做基本概念的界定，并明确其内涵、特征、社会功能及其影响因素，同时引入社会符号学、传播学以及马克思主义理论、思想政治教育学等相关理论，探究相关学科理论视域下的道德模范社会功能。

第三章是“历史梳理”，主要是对中国古代道德人物及其德育思想进行梳理和概括，对新中国成立以来出现的道德模范及其社会功能发挥做一个历史的审视，概括其历史演进基本模式、作用发挥以及对当代的启示。

第四章是“当下审视”，以2007年开始的“全国道德模范评选表彰活动”作为典型案例，以问卷调查的方式对道德模范社会功能相关问题进行实证分析，并在此基础上研究21世纪以来尤其是十八大以后我国道德模范及其社会功能的发挥情况，包括道德模范功能发挥的现状与成效、原因以及面临的问题。

第五章是“实践升华”，主要是在借鉴社会符号学、传播学等理论成果，结合对相关历史进程的概括以及当下的突出问题，提出充分发挥道德模范社会功能的路径。

最后是“总结与展望”，进一步总结前文的研究成果以及进行的路径探究，并对新时代加强道德模范建设、充分发挥道德模范社会功能的前景进行展望。

1.6 研究的技术路线和方法

1.6.1 研究的技术路线

本研究按照“理论探究—历史梳理—当下审视—实践升华”的路线展开，明确基本概念，梳理历史脉络，审视当下现状及问题，在此基础上进一步提出解决问题的思路和方法。

1.6.2 研究的方法

1. 历史分析法

中国自古以来就重视道德建设，新中国成立以后尤为重视道德模范社会功能发挥。通过历史的梳理与分析有利于发现一般性的规律，继承经验，看到不足，从历史中汲取力量，让研究成果更加具有针对性和科学性，增强研究的历史深度。

2. 理论分析与个案研究相结合

论文在对道德模范社会功能进行理论分析的同时，还将理论与实践相结合，将2007年开始的全国道德模范评选表彰活动作为个案纳入研究的整体框架中来，使得研究有理有据，更具有说服力。

3. 多学科综合运用的方法

道德模范的社会功能是一个庞大的系统，范围非常广泛，随着时代的发展需要不断去拓展内涵、丰富其社会功能，因此有必要将新的理论，如社会符号学、传播学等纳入，实现对道德模范社会功能的发挥进行整体提升。

2 道德模范及其社会功能的理论探究

“道德”的概念由来已久，古今中外不同的学者在不同时期从不同的角度都有所定义。“道德模范”虽然是新中国成立之后才出现的概念，但是历史上的“道德人物”、西方的“榜样”与其都有相似的内涵所指。对于道德模范的社会功能，在不同历史阶段也都各有侧重和表述。因此，本章主要对道德、道德模范及其社会功能的定义及内涵进行梳理和分析，在历史的框架中、在中西方的对比中提出本研究所指的道德模范社会功能概念。

2.1 道 德

道德属于上层建筑，是一种社会意识形态。经济基础决定上层建筑，道德是人们对自己所处时代、社会氛围、社会关系的一种意识形态的反映，并通过个人修为、社会影响、历史传承等途径来引导和规范人与人之间的社会关系，其内涵十分丰富。

中国古代就有“道德”的概念，老子所著《道德经》里就有了“道德”的所指，但是最开始“道”和“德”是两个不同的概念，各有各的含义。其中，“道”最开始指的是道路，后来含义逐渐引申为人们在日常生活中所应遵循的行为准则和标准；“德”是获得的意思。在此基础上，“道德”的含义就是指人们通过遵循高尚的社会准则获得自我修为的提升并惠及他人和整个社会，所谓“德，外得于人，内得于己也”。在马克思主义的经典著作里，“道德”是一种思想关系，是一种上层建筑，它产生于一定的社会历史关系中，由经济基础决定，并随着经济基础和社会环境的变化而变化。马克思主义十分强调道德对于社会关系以及经济发展的促进作用。在2018版现代汉语词典（网络版）中，对于道德的解释是以善恶评价为标准，依靠社会舆论、传统习俗和人的内心信念的力量来调整人们之间相互关系的行为规范的总和。贯穿于社会生活的各个方面，如社会公德、婚姻家庭道德、职业道德等。它通过确立一定的善恶标准和行为准则，来约束人们的相互关系和个人行为，调节社会关系，并与法一起对社会生活的正常秩序起保障作用。有时专指道德品质或道德行为。①

因此，根据翻阅词典以及各专家学者关于道德的释义和理解，可以将道德的含义理解为以下两方面：一方面，道德是规范，是准则，起约束、协调的作用；另一方面，道德是调节人与人之间、人

---

① 现代汉语词典．道德［EB/OL］．便民查询网，https：//cidian. 51240. com/daode_ ign_ cidianchaxun/

与社会之间以及人与自然之间关系的行为规范，而不是自我调节。①

综上，根据古今中外对“道德”的不同解读，结合当今时代的社会特点，本研究所指的道德的内涵为：产生于一定的社会经济关系，调整、规范、约束个人行为和社会关系的行为准则和规范，具体有以下三方面的内容：

第一，道德是一种由经济基础决定的社会意识形态，并对社会经济关系具有反作用。社会经济基础对道德的决定作用体现有：在不同社会经济关系下的道德有不同的表现形式，在生产资料私有制的社会经济体系下衍生的道德具有阶级的对立性，而在生产资料公有制的社会经济体系下的道德则具有社会统一性。道德对社会经济关系的反作用表现在，道德作为人类的一种社会意识形态，总是基于一种利益的选择，这种利益有可能是个体的也有可能是社会的，利益的产生和驱动将会直接影响社会经济形态的运行和变化。

第二，道德是一种精神实践活动。道德的精神实践性是指道德的产生及发挥作用首先在人的精神层面开展，表现为人在精神层面的自我规范和约束，从而实现人格的完善和升华。

第三，道德是一种行为规范。人们总是生活于一定的实践中，人们的精神也是通过一定的实践活动得以表达和体现，精神上的道德追求直接决定了人们在实践中的立场和行为规范。

---

① 崔卓群．全国道德模范评选表彰活动的价值及其实现途径研究［D］．吉林：东北电力大学，2017：6.

2.2 道德模范

道德模范是一个合成词，分别由道德和模范构成，其基本意思为遵循道德标准、坚守道德追求、实践道德行为的模范和榜样。不同时期的不同学者对于道德模范的解读有不同的侧重点，有的认为道德模范主要体现在模范个人在道德追求上的高尚性，可以作为一般人的楷模；有的认为道德模范的重点在示范，既模范个人以自己的道德实践引领更多的人坚守道德操守践行道德行为，强调模范的教化作用。还有的学者强调道德模范的阶级性和社会性，指出不同时期的道德模范有不同的内涵，凝聚了特定时代人们的道德追求和向往，应该做历史的审视和时代的鉴别。

本研究认为，道德模范就是在一定社会历史时期，产生于一定的社会经济基础之上并集中体现出统治阶级道德理想和人格追求的典范。道德模范是统治阶级道德理想的化身，通过自己的道德实践作用于社会进步，并在此过程中对社会一般个体产生广泛的影响，成为可学可作为榜样的对象。道德模范具有鲜明的阶级性和时代性，不同历史时期的道德模范有不同的标准和内涵。本研究所指的道德模范，以 1949 年中华人民共和国成立作为时间起点，以社会主义革命、建设、改革为实践背景，特指在这一历史进程中涌现出来的体现社会主义道德追求和人格理想的典范。其中不仅包括受到国家认可表彰的“全国道德模范”“感动中国人物”等，也包括虽未获得表彰但是在不同历史时期发挥了道德引领作用、产生巨大影响的代表人物。

2.2.1 道德模范的内涵与分类

道德模范的内涵十分丰富。“模范”一开始的意思指的是古代制造器物时用的道具和模型，东汉王充所著《论衡》中有“今夫陶冶者初埏埴作器，必模范为型”的论述；后来引申为人们学习的榜样，成书于西汉的《法官》中已经有“师者，人之模范也”的表述，此时的模范就是学习榜样的意思；北朝庾信也曾经写过“当时后进，竞相模范，每有一文，都下莫不传诵”的语句，这里的模范是动词，意为向“先进”学习、效仿。当代“模范”的含义既有与古人一脉相承之处，又有了时代赋予的新的含义，指在社会主义革命、建设、改革中做出突出贡献（包括物质领域和精神领域），值得人们学习、效仿的典范。道德模范就是在社会主义的时代背景下，在道德建设领域做出突出贡献，具有高尚的道德品行和实践，被广泛认可的道德典范。其内涵有以下几个方面：

第一，道德模范是社会主义道德的实现者。道德模范同样具有时代性和阶级性，社会主义道德模范是社会主义道德追求和社会主义核心价值观的实现者，反映了社会主义经济体系下的生产关系以及社会形态。

第二，道德模范是社会主义道德的提升者。道德的发展是一个动态过程，道德模范以其崇高的道德追求和高尚的道德实践对整个社会的道德建设发挥激励、引领、导向、提升作用。

第三，道德模范是社会个体学习的榜样和楷模。道德榜样产生于社会主义建设的实践中，来自社会大众，并在其间产生广泛影响，成为社会个体可以感知、可以学习甚至可以超越的榜样。

道德内涵的丰富性决定了道德模范类型的多样性，而且不同学者基于不同的标准也有不同的道德模范类型划分。结合时代特点和大众认知一般规律对道德模范类型进行科学合理的划分是保证本研究有序推进的重要基础和条件。一般来说，对于道德模范类型的划分有宽泛的划分方法，比如按照主体的不同将道德模范划分为个人道德模范和集体道德模范。其中，个体道德模范指的是具有崇高道德追求和道德实践的个人，比如李素丽、徐洪刚等；集体道德模范是指在道德领域做出突出贡献的集体，比如南京路上的好八连等。2007 年开始的“全国道德模范评选”活动以模范实践的内容作为划分标准，分别以助人为乐模范、见义勇为模范、诚实守信模范、敬业奉献模范和孝老爱亲模范为道德模范定义，获得了广泛的社会认可，集中体现了社会主义核心价值观，也成为本研究所采用的道德模范划分标准。

2.2.2 道德模范的特征

古往今来、东西方对于崇高道德的追求是一样的，不同时代的道德模范、道德人物都在各自的时代和领域发挥着自己的道德引领作用。经过时代的变迁和对历史的审视，不难发现在这些行色各异的道德模范人物身上有一些共同的特性和品质，形成了道德模范的特征：

一是实践性。马克思认为，“全部社会生活在本质上是实践的。”① 实践性是道德模范的本质特性，主要表现在三个方面，一是道德模范必须依托于社会实践而生存。道德模范作为个体也有基本的生存需求，必须通过一定的社会实践创造社会成果满足自己的生存需要；二是道德模范的道德品行体现于实践中。道德作为一种精神必须通过具体的实践具体化，在实践中道德模范将自己的道德准则和追求转化为具体的言语和行为，并进而产生实际的实践效应；三是道德模范的作用发挥必须以实践为载体，只有在广阔的社会实践中，通过人与人之间的交往与相互影响，才能将道德模范的道德言行传播给其他个体，充分发挥其道德引领作用。

二是时代性。道德模范所遵循的道德追求与准则是具体的，决定其方向和内容的往往是时代的需求。在社会发展困难时期所推崇的道德模范往往是那些在艰难困苦环境中甘于奉献、敢于牺牲的英模人物，比如铁人王进喜、党的好干部焦裕禄等。在社会主义现代化建设的过程中所推崇的道德模范，则包括了那些在日常生活中在平凡岗位上坚守道德准则和职业操守的平凡人物，比如优秀乘务员李素丽等。时代的发展、社会需求的变化为道德模范打上了鲜明的

---

① ［德］卡尔·马克思．中共中央马克思恩格斯列宁斯大林著作编译局译．关于费尔巴哈的提纲．马克思恩格斯选集（第一卷）［M］．北京：人民出版社，2012：135.

时代烙印。

三是高尚性。道德模范作为人类道德实践的杰出代表，其道德追求和言语行为无不具有一以贯之的高尚品格。正是因为有了这种高尚的基础和注脚，道德模范才能时刻以极高的道德标准要求自己，遵行道德准则，实践道德标准。正是因为有了这种高尚性，道德模范才能升华为获得广泛社会认可的道德符号，被更多的人认识、接受、学习，从而发挥对这个社会道德建设的重要推动作用。正是因为有了这种高尚性，不同时代、不同民族的道德模范人物才有了共同的衡量标准和行为标尺，穿越历史与现代、中国与世界的时空界限进行道德理念的交流和对话。

四是阶级性。没有人能脱离他所处的时代，道德模范也不可能脱离自己的阶级属性。道德模范总是在一个社会中占统治地位阶级道德追求的集中体现，体现了统治阶级的利益追求。超越道德模范的阶级属性，追求一种超越的道德规范和准则是不切实际的。毛泽东同志对这个问题曾经有过经典论述："有没有人性这种东西？当然有的。但是只有具体的人性，没有抽象的人性。在阶级社会里就是只有带着阶级性的人性，而没有什么超阶级的人性。"①

---

① 毛泽东．在延安文艺座谈会上的讲话．毛泽东选集（第三卷）［M］．北京：人民出版社，1991：870.

2.3 道德模范的社会功能

对于道德模范社会功能的认知，经历了一个由个体到整体、由分散到集中的阶段。以往人们往往把对道德的追求作为个人提升自我修养的途径，加强人际交往的手段，所谓“德不孤，必有邻”，而忽视道德修养、道德模范对于促进社会和谐、推进社会有序发展的重要作用。新中国成立以后，党和国家高度重视社会道德建设，结合时代和社会发展的实际，有意识的选取、宣传、推动道德模范，充分发挥道德模范在提升整体国民素质和推动社会全面发展方面的重要社会功能。具体来说包括：

2.3.1 导向作用

道德模范的导向作用是指通过有效提炼道德模范的道德事迹，宣传其道德追求和理念，引导更多的社会个体提升道德修养、加强道德规范进而带动整个社会道德建设的提升。美国心理学家韦恩·卡肖认为：“许多东西实际上是我们通过观察他人学到的，别人的行为导致了理想的结果时，我们便会去效仿他们，模范的行为常常充当一种导致正确行为的诱因。”① 道德模范的导向作用来自

① 〔美〕韦恩·卡肖．人：活的资源［M］．张续超等，译．北京：煤炭工业出版社，1989：199.

两个方面，一是道德模范自身高尚的道德言行和实践树立的正确的行为标尺，二是政府通过系统的手段将道德模范的事迹进行精准提炼和概括并加以传播推广，同时将政府的公信力注入道德模范的形象中去，使其更好地发挥标杆和在道德层面指引方向的作用。具体来说，道德模范的导向作用包括三个方面：

一是精神导向。历史发展的复杂进程中，尤其是在社会进入全方位多领域深入改革的时代背景下，不可避免地带来各种利益的冲突和矛盾的丛生，使得人们在道德层面面临一些困惑，对道德的坚守和实践带来了深层次的挑战。道德模范以在利益面前的重义轻利、在复杂矛盾面前的坚守内心道德准则，为大众树立起了一个道德层面的指示灯塔，鼓舞人们追求高尚道德的信心，成为其精神向导。

二是实践导向。道德模范中的大多数都是生活在大众周围的普通人，既享受社会发展进步的成果，也会作为个体遇到各种生存和发展过程中的问题和困难。道德模范将自己的高尚道德追求外化于社会生活实践的方方面面，通过自己的一言一行传播自己的道德理念，成为大众在实践中效仿的榜样。

三是价值导向。道德模范体现了社会主义核心价值观，对道德模范的选取和推广传播有效地向大众传递了什么是社会主义的道德、什么是时代推崇的道德模范、什么是社会需要的主流价值，从而引导人们树立正确的价值导向，促进社会道德的提升和谐发展。

2.3.2 推广作用

根据社会符号学的有关理论，道德模范是多重符号的统一，蕴含多层内容，这使其在个人道德提升、社会道德体系构建以及道德文化交流过程中具备了极高的推广价值和作用，主要体现在：

一是推广道德模范，发挥其道德符号作用，有利于提升公民个人道德水平和道德修养。道德模范在现代传播媒介的传播下向人们提供有关道德的知识和实践的方法路径，使得人们能够自觉地接受道德模范的表率形象，而人们则会在自己的思想品德形成、发展过程中，自发的依据一定的社会道德标准和道德方式，完成自我的道德修养过程。

二是推广道德模范，发挥其社会符号作用，有利于推动整个社会的道德体系构建。社会道德体系涵盖内容丰富，而道德模范无疑是社会道德追求的生动注解和集中体现。通过推广道德模范，将抽象的道德标准具体化，提升个体道德模范的代表意义，推动整个社会的道德建设，实现个体与社会、道德与实践的统一，是社会道德体系构建的重要内容和有效途径。

三是推广道德模范，发挥其文化符号作用，有利于面向世界打造中国的道德品牌。道德模范具有鲜明的文化属性，很多道德模范因其高尚的道德修养和言行而超越其所在的时代，成为标记一段历史的符号，彰显出独特的文化价值。古代的孔子、孟子等道德人物，新中国成立后的雷锋等榜样人物，都已经成为跨越时代、国别受到广泛认可的道德文化符号，成为中国与世界进行道德文化对话的品牌。

2.3.3 激励作用

我们都说榜样的力量是无穷的。道德模范以其对个人道德信念、社会道德规范的遵守和实践坚守，使模范个人成了让大众仰望的道德理想化身。这种精神层面的自我成就及其获得的广泛社会认可和尊重，能够激励大众以道德模范为榜样，人心向善，施以德行，加强自我道德修养，提升社会整体道德水准。具体来说，道德模范的激励作用主要体现在三个层面：

一是激励个体构建更高的道德目标和追求。人是一种社会性的动物，人的生存和发展离不开其所处的社会环境和条件，人的精神追求和道德准则也受制于其所面临的物质境遇。尤其是在社会转型期，个人往往面临着更多的不可确定性和生存发展的压力、困惑。在这样的背景下，道德模范能够在变化的社会环境中始终如一的坚守道德准则，在物质的纷繁选择中追求内心道德层面的升华，无疑能够为普通大众竖起一张“道德的镜子”，打造一把“道德的标尺”，让大众以镜为像、以尺为标，激励大众将道德的构建凌驾于物质的选择之上，追求更高的道德标准，实现个体道德的提升。

二是激励大众在更广泛的社会建设层面践行道德准则。对道德的追求不仅是一种精神层面的构建，更需要社会实践的印证。道德模范都有特色鲜明、代表广泛、道德品质突出的道德事迹。他们的道德信念和追求往往通过身边人的身边事来体现，这种道德实践通过有针对性的传播，能够给大众极强的带入感和认同感，使得他们不仅能够知道道德模范是“怎么做”的，更能理解“为什么这样做”，从而将模范的道德事迹转化为自己道德认知体系的一部分，在相同的社会境遇下像道德模范一样践行道德准则，不断强化直至形成一种道德自觉，成为道德准则的践行者。

三是激励整个社会对于道德的高度重视和推崇。道德模范首先是一种精神上的肯定，同时也是一种社会荣誉，代表了整个社会层面的认可。通过一定的体制机制转换，这种肯定和认可以更加物质化的方式得以体现，从而形成对整个社会的道德激励。党和国家领导人对历届全国道德模范的接见和亲切慰问，模范代表参加奥运会开幕式、火炬传递活动等社会重大事件，以及国家及各地政府陆续出台的对家庭生活困难模范的帮扶、对各种道德模范的礼遇和宣传，都是以大众可见可感可知的方式鲜明地表达了一种国家立场和社会态度，极大激励整个社会对道德的重视和推崇。

2.3.4 教化作用

教育对人的改变不仅是传授知识，更是塑造正确的世界观、人生观、价值观，其中一个重要方面是要构建个体对于道德的基本认识，并在教育的累积过程中不断提升自己的道德理念和追求。道德模范作为社会道德准则与个人道德实践的完美结合，在其产生、推广、发挥作用的各个阶段都有极强的教化功用。

一是在道德模范的推选和宣传中，通过评选表彰活动的各个环节对公民进行道德教育，是推进公民道德建设的有效途径，是发挥道德模范社会功能的重要内容。无论是“全国道德模范”还是“感动中国人物”等，任何一个道德模范的产生和推介都是一个全员参与、充分动员的过程，其中蕴涵的教育价值是无可置疑的。事实上，道德模范作为各种道德人物评选结果的符号载体，它的产生过程其实就是道德精神的体现。

二是道德模范自身作为行为示范的榜样，所具有的极高的教化价值。无论是助人为乐、见义勇为、诚实守信、敬业奉献还是孝老爱亲，都体现了社会大众对于个人品德修养的美好追求，教育我们在生活中要不断地向榜样看齐，规范、约束自己的言行，不断提升自己的道德修养和社会追求，而道德模范正是表达这些精神和追求的榜样符号，使得教育成为其核心价值。

三是各种道德模范整体的品牌效应，能够形成一种在整个社会崇尚道德的风气和导向，对大众具有极高的教化意义。让人们身边看得见、摸得着、学得到的“平民英雄”脱颖而出，使每个人都能够了解这些道德模范并且学习他们的先进事迹，提升自己的道德素质和道德品性，将一般的道德要求化为切实的具体行动，经过不断的道德努力，都可以成为一个有道德的人。①

---

① 孙春晨．如何发挥道德模范的社会辐射效应［N］．咸阳日报，2011－10－17（03）．

2.4 道德模范社会功能发挥的条件

模范、榜样是时代的产物，是时代标准和精神面貌的集中体现。模范表率作用的发挥不是一个孤立的、自发的过程，而是公民内在动因、外部环境等多种因素共同作用的结果。目前，影响模范社会功能发挥的因素主要有人性需要、社会环境、国民的教育水平与整体素质、模范的典型性等几种。

2.4.1 人性的需要是影响模范社会作用发挥的本源

关于人性问题，马克思主义创始人从来都很重视。马克思主义的人性观主要包括以下三个方面：一是人性主要指人区别于动物的根本属性，即社会性；二是人性不是永恒不变的，而是历史地发展、变化的；三是在阶级社会中，人性在每一个人身上体现为共同人性和阶级性的对立统一。没有共同人性存在，人类之间的情感、思想无法交流，人们更无法共处于一个社会共同体中。正如列宁所言，没有人的感情，就从来没有，也不可能有人对真理的追求①。由此可以看出，道德现象离开了人与人之间的情感联系，是无法给

① 列宁全集（第20卷）[M]．北京：人民出版社，1958：225.

予完满和令人信服的解释的。因此，从某种意义上说，人性是道德产生以及一切道德活动赖以进行的主观前提。

但是，道德并不能够从人性中直接地引申出来，也不能从人的单个个体身上自发地产生，只能从人们客观的社会联系中引申出来，从人与人之间的相互关系中产生出来。道德的属性是人的主体性和社会的制约性的辩证统一。道德所具有的两重性，正是人们赖以认识、接受道德的基本条件。人性和社会制约性的合力作用，使得人们不仅有可能进行自我的道德教育，而且也有可能接受社会的道德教育。历史上的一切唯物主义者都承认这样的事实：人的品德形成，是由于后天受教育的结果。综上所述，生活在社会主义条件下的中国青年，其思想品德的形成和发展过程，同样离不开模范人物的教育作用、引导作用。

社会上任何一种模范形象树立的后果，都将会以社会思潮的形式渗透在社会生活中。由于人的思想品德的形成和发展往往带有两重性、多变性。所以，模范与人们思想品德的修养的联系是明显的。模范在现代传播媒介的传播下向人们提供有关道德的知识和修养的方法，使得人们能够自觉地接受模范的表率形象。而人们则会在自己的思想品德形成、发展过程中，不得不依据一定的社会道德标准和道德方式，完成自我的修养过程。

从模范在人们思想道德中作用发挥的过程，我们可以看到人类的另一种本性，即人的能动自觉性。人是能动的自然存在物，具有自觉的能动性。模范是促使人们自觉能动性充分和正确发挥的促发因素。自觉能动性发挥的程度以及能否正确发挥，往往取决于对模范的传播情况。人的自觉能动性的发挥，是以主体对客观必然性的正确认识为前提的。人对客观必然性的认识越深刻、越全面，就越能提出改造客观世界的具体明确的目的，越能在多种可能性中进行正确的选择和创造，也就越能正确地发挥自觉能动性。所以，必须注重模范的传播和大众的文化素质的提高。

2.4.2 社会环境是影响模范社会作用发挥的基础

人们总是生活在一定的社会环境中，受到周围社会环境的影响。道德问题绝不能仅仅依靠道德的手段来解决，优化外部环境是道德建设顺利开展的前提和基础，这是在道德建设问题上坚持唯物主义原则的必然要求。

物质对道德的基础性影响，主要表现在三个方面：一是基本的生活资料，是人们产生道德需要的必要的物质基础；二是物质生产实践活动中的生产关系制约着整个社会生活的面貌，无疑它也决定着社会的道德风貌；三是作为物质成果体现出来的物质文明，是道德建设赖以开展的物质手段。从“仓廪实知礼节，衣食足知荣辱”这句名言可以看出，道德需要作为人的高级精神需要，只有当基本的生存需要获得相对满足之后才会出现。费尔巴哈曾深刻地洞察到这个问题：“德行和身体一样，需要饮食、衣服、阳光、空气和居住。如果缺乏生活上的必需品，那么也就缺乏道德上的必要性。生活的基础也就是道德的基础。如果由于饥饿、由于贫穷，你腹内空空，那么在你的头脑中，在你的心中或在你的感觉中，就不会有道德的基础和资料。"[①] 费尔巴哈的论断，揭示了人们的道德需要对物质生活的从属性这一普遍而客观的事实。

开展思想道德教育活动，对模范人物的宣传活动，都需要投入大量的人力、物力。建设优良设施和场馆，特别是建设爱国主义教育基地和道德教育基地，更需要物质投入，没有物质文明作后盾，这些工作都是不可能完成的。物质文明不发达，硬件建设投入不足，也是现实生活中许多不道德行为大量存在的诱发因素之一。人们都知道随地吐痰、乱扔垃圾是不文明的行为，是整个社会的一大陋习。但是，在很多公共场所特别是小街道中连一个垃圾桶都找不到，要想让人们不随地吐痰，不乱扔垃圾，当然就很难了。具体到模范人物而言，虽然大家看着很美，但如果是由于物质生活匮乏的原因，心有余而力不足，只能心向往之，那么模范的表率作用就很难得到发挥。

2.4.3 国民教育水平与素质是影响模范社会作用发挥的关键

当前，我国的高等教育已经步入普及化的发展阶段，我国逐步从人口大国向人力资源大国转变，这对模范的产生、成长的作用是不言而喻的。

美国著名黑人民权领袖马丁·路德·金曾经说过："一个国家的繁荣，不取决于它的国库之殷实，不取决于它的城堡之坚固，也

① 周辅成．西方伦理学名著选集（下册）［M］．上海：上海人民出版社，1964.

不取决于它的公共设施之华丽；而是在于它的公民的文明素养，即在于人们所受的教育、人们的远见卓识和品格的高下。这才是真正的厉害所在、真正的力量所在。”① 品格是在各种各样的环境中由个人或多或少地调节和控制形成的。品格经由模范的引导，进而伴着原则、正直、诚实以及才智一起行动，才能展现自己。高尚的品格是人性最高形式的体现，它能最大限度地展现出人的价值。

模范总会引起和他具有类似性格的人的注意，并对他们的人格产生吸引力，像天然磁石吸引铁块一样。每一个积极努力的举动都会作为一个模范的表率行为，在人群中产生一定的感染力。正如勇敢的人对于懦弱者是一种鼓励，而且会迫使懦弱者采取行动。这在日常生活中也是如此。模范同善良的人、伟大的人一样总会令人追随，在他们影响所及的范围内的每一个人，都会受到他们的鼓舞。

一个人仅仅具有朴素的美德还不行，还要能够受到正确的原则激发。这可以在模范的引导下，不偏离正道地、坚持不懈地去追求真理、正直和忠诚。一个人没有原则，就会像一艘在大海中失去航舵或方向的大船，随风飘荡，任意东西。这种人就会成为一个没有法律、不讲规则秩序和无政府的人。

2.4.4 模范的典型性是影响模范社会作用发挥的核心

运用模范进行教育，也是一种示范性教育形式。模范教育具有

① ［美］马丁·路德．国家繁荣的力量［J］．决策与信息，2004（02）．1.

形象、具体、生动的特点，非常富有感染力、可接受性，是思想政治工作方法之一。

一是模范典型教育的方法是根据客观事物发展的不平衡规律提出来的。不论干哪一行工作，也不论是哪一个部门、单位，人们的认识和行动都不是齐头并进的。群体中总会有先进、中间和落后的差别。所以，在现实生活中，各条战线、各个地区、各个单位都有多种多样的模范典型。

二是模范典型具有强烈的感召力和说服力，因而能够起到激励、引导人们奋发向上的作用。它通过对典型人物或典型事例的宣传，把抽象的说理变成了生动的形象，容易引起人们思想感情上的共鸣，这种共鸣感又能潜移默化地促进人们思想认识的提高，激励人们效仿模范的言行去为人处世，自觉控制自己的行为，逐步向着高尚的思想境界迈进。

三是运用模范典型教育顺应了人们竞争和不甘落后的心理，因而能够调动个体潜在的积极性，达到教育的目的。一般来说，大多数人都有不甘落后、积极上进的心理需求，即使是暂时落后的人，往往也具有某种程度的积极心理因素，这是人们进步的内在驱动力。这种动力推动着人们去学习模范典型，比照模范典型，见贤思齐，见不贤而内自省。由此形成一种先进更先进，中间、落后赶先进，大家共同进步的局面。

3 历史演进中的道德模范社会功能梳理

对于道德建设的重视、对于道德人物的推崇自古以来就是中华民族的历史传承和文化传统。古人高度重视德育建设，既重视个人道德修为也重视国家德政追求，将其视为维系社会稳定、推动社会进步的重要力量，并最终形成了中国的道德建设体系以及无数道德人物。新中国成立以后，更是以政府的力量集中推出了一批道德模范，并在不同的社会发展阶段发挥着自己的社会功能，成为社会文明的一个重要组成部分，闪耀着璀璨的人性光辉。

3.1 中国古代道德人物及其当代启示

在中华优秀传统文化中，虽然没有现代意义上的“道德模范”概念，但是却有着个性鲜明、思想深邃的道德人物，并通过广泛的德育实践对整个社会起到德育教化、维护稳定的社会功能。以历史的视角梳理中国古代道德人物及其社会功能并总结其规律特点，以现代的眼光探究中华民族一以贯之传承不息的道德基因，对于完善当代的道德实践，充分发挥道德模范社会功能具有重要的意义。

3.1.1 中国古代道德人物的社会功能

中国古代道德人物社会功能的发挥，既充分体现了中华优秀传统文化中的道德品质和崇高追求，同时也打上了鲜明的时代和阶级烙印。具体来说，主要表现在以下三个方面：

一是通过教育者的行为示范发挥带动作用。古代的道德人物都是躬行道德行为的典范，尤其重视通过自己的道德实践行为示范，引导人心向善。孔子提出“其身正，不令而行；其身不正，虽令不从”，认为只有自己正直无私、严格要求自己、以身作则才能得到大家的效仿和拥护。老子则进一步提出了要“行不言之教”，认为言语上的教育方式其作用是有限的，真正的教育入心入脑需要通过实践的引导，需要教育者在实践中展现自己的良好道德品行，让人们产生内心认可，从而转化为自我自发的高尚追求，润物无声，才能真正达到教育的目的，提升个人道德品质。

二是维护封建统治者统治的政治教化作用。中国古代的统治者把对大众的道德教化作为巩固自己政治统治的工具，通过道德教育来凝聚人心、维护社会安定、保证政权稳定。中国古代的道德人物也认识到了这一点，尤其以儒家思想人物为代表，孔子提出“祖述尧舜，宪章文武”，董仲舒进一步提出“天子大夫者，下民之所视效，远方之所四面而内望也。”既希望统治者自身能成为躬行道德的典范，从而以上率下带动百姓崇尚道德，同时又积极挖掘塑造统治者中的道德榜样，为统治者做道德的美化和提升，增强其统治的合理性和高尚性，从而维护政治的稳定和社会的和谐。

三是为百姓树立理想道德人格的引导作用。中国古代的道德人物通过自己的言传身教，表达了自己对于理想道德人格的理解，并通过不同道德人物的不断补充完善，最终形成了整个社会普遍接受的道德标准，并对大众发挥着引导作用。老子以“圣人”来作为理想道德人格的载体，“故圣人云：我无为而民自化，我好静而民自正，我无事而民自富，我无欲而民自朴。”孔子提出了“君子”的概念，并与“小人”相对应，以显示君子的高尚，“君子坦荡荡，小人长戚戚”，可以说，“圣人”“君子”等概念的出现，及其蕴含的道德内涵和追求影响了中国古代民众对于道德的构建，并最终成为整个社会认可的道德标尺，发挥了巨大的引导作用。

总之，中国古代的道德人物不仅提出了鲜明的带有中华民族文化基因的道德理念及体系，而且也身体力行，通过自己的道德实践为世人树立学习模仿的示范和榜样。同时，道德的教化作用、道德模范的引领作用又被封建统治者高度重视，并通过国家的力量加以强化和推行，为提高整个社会民众的道德水准、维护社会稳定、创造良好的道德氛围提供了坚强的保障。这种个体－大众－政权相一统的道德人物塑造及推广体系，也为今天发挥道德模范的社会功能提供了良好的借鉴。

3.1.2 中国古代道德人物的当代启示

以人为镜，以史为镜，中国古代道德人物社会功能的发挥，对于当下充分发挥道德模范社会功能、加强社会道德建设有如下启示：

首先，中国古代的道德人物充分认识到了道德理想人格对于社会大众的教育和引导作用，并把其看作是一个外在榜样人物影响与内在自我道德提升相统一的过程。他们将自己的道德追求构建在古代的圣贤之上，明确道德目标，身体力行践行道德主张，并以此教化、引导、激励社会大众向圣贤看齐，提升自己的道德水准，从道德的层面去确立人的存在价值。当然，这一教化过程不应是简单的说教，而是应该通过鲜活的事例、更加有针对性的教育举措来实现，追求潜移默化、润物无声的效果。这一主张与统治阶层希望社会稳定的追求具有同向性，“为政以德”“齐之以礼”，封建统治者自身应当成为施行德政的典范，唯此才能带动更多的民众遵从社会道德，实现社会和谐。

其次，强调知行合一，认为实践是考验个人道德水平的主要标准，也是发挥道德人物社会功能的重要平台。孔子教育自己的学生必须要“言必行、行必果”，“见贤思齐”，向古代的圣贤看齐，向当前的道德人物看齐，主要还是体现在道德实践当中。荀子进一步提出，对道德的学习和实践是一个逐渐积累的过程，其中个体必须有一定的判断能力和自省能力，“见善，修然必以自存也；见不善，愀然必以自省也”，只有这样才能保证道德实践的正确方向，切实提升自己的道德水准。从教育者的层面，古人强调“言传不如身教”，王夫之认为，教育者通过自身的道德实践对人的影响是有限的，通过实践影响受教育者的内心，使其具有主动向善的意识才能达到教育的最好效果。

最后，注重从普通百姓中发现道德人物和榜样。中国古代道德人物具有丰富的多样性和广泛的代表性，先贤圣人是古代道德的理想化身，但他们并不是高不可攀，相反，普通人如果能够以先贤圣人的标准要求自己的言行，那么他也可以成为贤人，“人皆可以成尧、舜”。孔子也强调“三人行，必有我师”。将先贤圣人生活化、将道德人物具体化，不仅更有利于传达自己的道德理想和追求，而且能使大众有一个更清晰的学习赶超的目标，树立他们的道德自信，激发他们的道德信念，推动他们的道德言行，使得道德人物的社会功能落到实处。

总之，中国古代道德人物及其社会功能的发挥为我们今天充分发挥道德模范社会功能提供了借鉴，但同时也要看到，历史总是具体的、现实的。中国古代道德人物及其社会功能的发挥也脱不开其所在的历史环境和社会认知水平，尤其是被统治者强调的“社会教化”作用的发挥，不可避免地会融入一些统治者的“愚民”思想，使其具有一定的历史的局限性。

3.2 新中国成立以来的道德模范及其社会功能

历史与当下、传统与现代总是相互交织。对于道德模范及其社会功能发挥的重视，在新中国成立以后有了更为突出的表现：党和国家领导人多次强调道德榜样、道德模范的重要作用，各种道德模范选树和表彰活动层出不穷，整个社会兴起了“爱模范、学模范、做模范”的热潮，净化社会道德风气，有力推动社会建设。当然，在共进的道德模范历史进程中，因为不同时代也有不同的特点和表现方式。

3.2.1 新中国成立以来道德模范相关活动基本情况

新中国成立后的典型、模范树立主要围绕革命和建设两大主题。一方面，在新中国成立前的解放战争、抗日战争中涌现出大量模范人物，如黄继光、张思德等，在抗美援朝等新中国成立后的战斗中也有新的战斗英雄人物，如邱少云等。另一方面，新中国建设过程中也涌现出了一批劳动模范如王进喜、雷锋、时传祥等。无论是战斗模范还是劳动模范，他们的光辉事迹及其体现出来的意志品质、精神追求都与这一时期的国家任务和社会发展需求高度融合，模范个人事迹突出但个性相对模糊，政治教化作用明显，极大鼓舞了当时的人们充满干劲地投入到保家卫国、社会建设的历史进程中去。

改革开放至20世纪末，道德模范多样化、多层次的第一次“井喷”。由于把工作中心转移到社会建设和经济发展上来，同时又高度重视社会主义精神文明建设，在这一大背景下，对于道德模范的选树和宣传出现了多样化、多层次的态势。多样化主要是体现在选树的道德模范身份及其代表的道德追求、社会理想的丰富：在逆境中坚守信仰、自强不息的模范典型如张志新、张海迪等；积极投身社会建设的知识分子模范如蒋筑英、周尧和等；投身改革实践、推动社会经济发展的企业家模范如鲁冠球、马胜利等；日常生活中的普通人模范如徐洪刚、李素丽等；在改革开放中鞠躬尽瘁的党员领导干部模范如孔繁森等。道德模范刻画的多层次与选树的多样性密切相关，不同背景、不同身份、不同作为的道德模范进入大众视野必然带着不同的视觉风格和认知感受，大众对于道德模范的认知日益丰富、生动、鲜活，模范不是生活在自己的崇高丰功伟绩中，而是走进日常生活，让大众近距离的全方位感知，产生更大的导向作用。

21世纪以来：跨入新世纪，随着社会物质文明建设的日益提升，人们对于道德以及道德模范的追求和推崇也在不断地向前发展。这一时期的道德模范选树和宣传活动仍然继承了之前多样化、多层次的态势，但又有体制机制的创新、选树范围的扩大、道德理念挖掘的深化等新的态势。以全国道德模范评选表彰活动为代表的系列活动纷纷展开，为发掘、选树、展示推广道德模范提供了更为广阔的平台，以姚明、刘翔、丛飞为代表的文体明星以更加明显的方式进入了道德模范的评选范围，一些重大社会事件、典型危急时刻的特殊群体如抗击非典团队、抗震救灾模范群体等也成为新的道德坐标，成为人们学习的榜样。

3.2.2 新中国成立以来道德模范及其社会功能发挥的特点

通过对上述新中国成立以来个阶段道德模范基本情况的比对分析，尤其是在不同阶段的时代背景下模范人物体现出的不同道德风貌和追求，我们可以归纳出如下特点：

首先，新中国成立以来的道德模范凸显国家意志，与社会发展、时代需求紧密贴合。不同时代呼唤不同的时代英雄，不同社会环境孕育不同的模范人物。新中国成立以来阶段道德模范及其社会功能的发挥，充分体现了对时代发展需求的迎合，对社会建设需要的满足，而对此起决定性作用的则是国家意志。在不同时期，国家意志的表现方式也不同，既有通过单一方式直接表现的，也有将国家意志熔铸于社会建设各领域道德模范之中，以含蓄方式表达的。这两种表现方式在不同历史时期能发挥不同的作用，政治说教式的道德模范往往容易成为“高大全”的符号人物，集中体现阶级观点和政治意图，能在短时间内给大众直接而集中的心灵冲击，但是这种冲击的时效性较短，尤其会因为人物脱离社会生活实际而与大众的内心渐行渐远。相反，以间接的方式，将国家的意志和诉求以生活化、艺术化的形式内嵌于道德人物的言行，在广阔的社会空间和多样的人性需求背景下塑造的道德模范形象，无疑有更深远的历史穿透力和更广泛的影响效力。

其次，新中国成立以来的道德模范逐渐回归大众生活，用“身边事教育身边人”成为其社会功能发挥的重要原则。道德模范的选树和构建需要把握两个既相互矛盾又相互统一的结合点，一方面道德模范要来源于生活，这样才能与大众产生共鸣；另一方面道德模范及其体现的道德追求和道德品行又要高于生活高于大众的一般道德水准和认知，这样才能发挥榜样的引领、激励、导向作用，也就是说理想状态下的道德模范及其社会功能发挥应该是“头顶日月、脚踏实地”的结合体。新中国成立以来道德模范演化的四个进程充分体现了模范人物由云端走向百姓生活的历史逻辑，人物由单一到丰富，价值追求由一元到多元，涉及社会建设的各个领域，遍布社会生活各个层面。尤其是进入21世纪以来，随着网络的日益发展和普及，大众有了更多的进行道德表达和评价的平台，基于网络大众的道德认知和评判体系而造就的诸多“最美人物”“草根英雄”获得了广泛的认可。需要警惕的是，网络自身与现实社会生活也有间隔，网络道德也无法直接与广泛社会道德追求划等号，由此产生的“最美”和“英雄”也需要经历更多的审视和考验。

最后，新中国成立以来的道德模范呈现渐次弱化态势，社会功能发挥存在不平衡问题。纵观新中国成立以来的道德模范历史演进历程可以发现，随着时间的延伸，过往的道德模范社会功能日益减弱，影响日益降低；随着道德模范人数的日益增多，能够获得广泛认可、产生普遍影响效力的模范人数日益减少。从时代主题的变化特性以及大众对道德模范的接受规律来看，这种现象的产生具有一定的不可抗拒性。新中国成立后的道德模范演进史提供的解决办法有：提炼核心价值，将不同种类的道德模范统一于社会主义核心价值体系构建之中，赋予其更长久的生命力和时代意义；对越来越多的道德模范进行分类，分类的标准可以多样，比如进行行业分类、地域分类、事迹分类等等，以增强具体模范的辨识度；对单个道德模范进行艺术化的生活化的演绎和解读，打造大众和模范之间更加便捷的沟通交流方式等。

3.3 历史对比中的道德模范社会功能发挥影响因素

从古至今，中华民族都有树立道德模范以对民众加以教化、构建社会和谐的传统。但是通过对中国古代道德人物、新中国成立以来道德模范及其社会功能发挥的对比分析，我们可以发现在不同的历史时期，在不同的社会条件下，对道德人物、道德模范的定义不同，其社会功能的发挥也不尽相同。一般来说，影响道德模范社会功能发挥的因素主要有：

一是物质保障和基础。道德模范作为社会个体，其生存和发展需要一定的物质保障，这是其践行道德追求、发扬道德信念的基础。商朝孤竹国的王子伯夷和叔齐素有“推位让国”“叩马而谏”的美名，但后来终于因“耻食周粟”绝食而亡。当前，很多有识之士呼吁进一步建立健全对道德模范的生活保障机制，不能让模范人物“流血又流泪”，这既是对道德模范的尊重和爱护，又能为人们乐施善行免除后顾之忧，从而更好地发挥好道德模范的社会功能。此外，古人云“仓廪足而知礼节”，大众对优秀道德品质的追随也需要建立在相对稳定的社会环境基础之上，在基本生活都不能保障的情况下去空谈道德，当权者在政权动荡、兵荒马乱之际要求民众去学模范、做“圣人”，只能取得适得其反的效果。当代，对道德模范的宣传推广也需要一定的物质条件和保障。

二是国家权力的重视和引导。道德具有鲜明的阶级性，统治阶级通过树立道德人物和道德模范向大众宣扬本阶级所推崇的道德追求以教化民众，维护社会稳定，巩固自己的统治地位。在国家权力发展的不同阶段，其对道德人物的选树和推介也有不同的侧重。西汉建立之初国家凋敝、百废待兴，汉文帝汉景帝以“黄老之术”治国，推崇无为而治的道德思想，使民如水“善利万物而不争”；到了汉武帝时期，经过多年的韬光养晦，国家实力大增，迫切需要加强中央集权，强化对百姓的管理，于是推崇“君君臣臣、父父子子”的儒家道德思想以实现“大一统”。

三是选树道德模范的典型性。从一般意义上说道德模范有三种，一种是在特定时间节点有突出的道德实践从而获得了广泛的社会认可成了模范，比如前文所述的“抗震救灾模范群体”等；一种是在某一领域有突出成果而获得了广泛的道德认可成了模范，比如大家熟知的“杂交水稻之父”袁隆平；还有一些只是生活中的身边人做的身边小事，但是他们因日复一日对内心道德的坚守和道德实践的笃定，逐渐汇聚成耀眼的道德光芒而成为人们推崇的道德模范，比如李素丽、塞罕坝林场建设者等。上述三种道德模范都是道德的楷模，但是其对大众的影响程度却不同，这主要是由其典型性决定的，包括人物个体（群体）身份的典型性、事迹的典型性以及宣传方式的典型性三个方面，它们决定了大众对其接受程度的不同，也是影响道德模范社会功能发挥的重要因素。

四是社会的思想文化氛围。经济基础决定上层建筑，不同社会发展阶段人们对道德有不同的理解和追求，在一个社会发展阶段作为道德模范被推崇的，在另一个时代可能就会被淡化甚至否定。在中国古代长期奉行“男尊女卑”的思想，因而历史上很多妇女因为“三从四德”被选树为遵守妇道的典型，但是新中国成立后强调人人平等、男女都一样，这种践踏妇女权力的思想被视为封建社会思想的遗毒而被人们所唾弃。新中国成立后进入社会主义改造和建设阶段，各种社会资源缺乏，因此“勤俭节约”成为衡量道德的一个重要指标被推崇到极致，甚至有“新三年、旧三年、缝缝补补又三年”的说法，但是在市场经济下，消费成为拉动经济增长的“三驾马车”之一，人们也希望通过适度消费提高生活质量，“勤俭节约”虽然仍是人们推崇的道德追求，但不再有过去的那种绝对化、极端化的态势。

五是大众的道德认知水平。道德模范的社会功能主要通过对大众的道德认知施加影响来实现，这需要道德模范所代表的道德理念必须与大众道德认知水平相一致，能够被大众所认可和接受。如果道德模范的道德理念超越了大众的认知，那么他将无法充分发挥自己的社会功能。魏晋时期的阮籍和嵇康一度以行为乖张、恃才傲物之名传于世，后来人们才慢慢了解到在他们不羁的外表下是对封建礼教的反抗和轻视，鲁迅曾作《魏晋风度及文章与药及酒之关系》为其证名。同样，那些随着时代的进步而低于大众道德认知的道德人物及其道德思想也会逐渐失去对大众的影响力，从而失去其树立时的社会功能。

4　道德模范社会功能发挥的现状与当下困境

当前，尤其是党的十八大以来，国家高度重视发挥道德模范的社会功能，将其作为构建社会主义核心价值体系、促进社会和谐、推动社会主义现代化各项事业发展的重要推进力量。我们可以看到，由中宣部等单位发起的“全国道德模范”评选活动已经成为中国道德文化建设的一个品牌符号，在社会各行业各层面拥有广泛的影响力。在其带动下，各种“最美人物”“感动人物”等道德模范类评选活动在各地开花，形成了全社会关心道德模范、学习道德模范的良好氛围。但不可否认的是，受西方虚无文化、网络虚拟文化的影响冲击，现实功利主义、市场价值的渗透，以及道德模范系列活动自身体制机制的不完备、宣传模式的泛化僵化等问题影响，道德模范社会功能的发挥并不充分，甚至还面临着一定的困境和挑战。

4.1　道德模范社会功能发挥的现状

道德模范社会功能的发挥是一个系统工程，概括地说包含模范的评选产生、宣传推广、作用发挥三个阶段，每一个阶段又包含不同的环节，彼此作用，相互影响，共同形成了道德模范社会功能体系。

道德模范的产生。道德模范的产生是道德模范社会功能发挥的前提。从广义上说，当前我国道德模范的产生主要依托两种渠道，一是从中央到地方各级政府、组织机构、社会团体等官方、半官方机构开展的各类道德模范评选表彰活动。其中中共中央宣传部、中央文明办、解放军原总政治部、全国总工会、共青团中央、全国妇联六大部门联合主办与组织的全国道德模范评选表彰活动规模最大、影响最深。二是通过民间渠道主要是利用网络传播塑造的“草根”道德模范，这方面的典型代表是“最美妈妈”吴菊萍。2011年7月2日，供职于杭州阿里巴巴有限公司的吴菊萍不顾自身安危，用双手接下从高楼跌落的幼童，挽救了孩子的生命，自己却遭受了严重的伤病，她的这种精神和道德品质获得了广泛的认可和充分的网络宣传，被网友称为“最美妈妈”。道德模范产生的两种渠道各有特点，就其覆盖人群、传播范围、社会公信力来说，官方组织推出的各种道德模范无疑具有更广泛的社会认可度，但是民间途径推出的道德模范却因为更能体现“身边人的身边事”的特点，与大众百姓的情感更贴近，由此获得了更多的情感认同。从更客观的角度来看，道德模范的产生不仅仅限于一时、一事，而是一个在高尚道德的引领下进行长期道德实践、不断进行道德再升华的过程，就这一点来说，官方组织因为其掌握资源的丰富性、获得信息的全面性、组织评选的严谨性、宣传渠道的广泛性而获得更多公信力和话语权。需要指出的是，两种途径并不是泾渭分明的，而是能够呈现出一种融合态势，由于其模范事迹，2012 年，由官方媒体中央电视台举办的“感动中国”委员会给吴菊萍颁发了荣誉奖章。

道德模范的宣传推广。道德模范的导向作用、推广作用、激励作用、教化作用的发挥需要一定的平台和基础，道德模范的光辉事迹和精神追求需要一种集中的展示和体现，个体与群体、模范与大众的沟通交流需要有一定的机制保障，这些都需要通过构建道德模范的宣传推广体系来实现。当前对于道德模范的宣传推广呈现出如下态势，即官方主导、民间参与、多元路径、双向交流。各级政府、组织机构等官方和半官方单位是道德模范宣传推广的主要推动力量，通过电视、广播、报纸、网络等全媒体进行道德模范活动内容发布、事迹宣传、精神阐释，并通过各种向道德模范学习的线下活动如征文演讲比赛等进一步巩固成果；各种民间组织和个人是扩大道德模范影响的重要参与力量，网络是其主要参与平台，通过微信微博等自媒体即时发送道德模范的相关信息，并进行评论交流或二次传播，以进一步扩大其影响；多元路径是指更多新技术手段在道德模范宣传中的运用，比如主题电影电视制作、衣物文具等衍生品的开发等；双向交流主要是在具体的传播环节，将道德模范个人由传播客体变为传播主体，通过其本人发微博、参与各种线下活动的方式现身说法，增强传播的生动性和可靠性。近些年来，中央电视台每年都会邀请一些道德模范参加春节联欢晚会的录制，搭建平台让道德模范本人成为宣传的主角，讲述道德事迹，传播道德理念。

道德模范的作用发挥。不同时代道德模范的社会功能有不同的定义，对于当下道德模范作用发挥的考量主要从应然与实然的角度展开。所谓应然是指在当前的社会发展态势下我们需要道德模范发挥什么样的作用，从道德模范个体与组织的双重身份来考量，其作用发挥应体现为“善其身”与“济天下”的有效融合，也就是说道德模范个人需要遵守国家法律法规，模范遵守社会规范和社会公德，在社会道德建设或社会生产建设的某一领域某一方面有突出的表现；此外作为社会组织的一员他还应该积极用自己的道德实践和言行影响他人，净化社会道德风气，共同营造健康、向上、有为的社会环境。所谓实然就是在当前的社会建设语境下，道德模范的功能发挥的实际情况。新中国成立以来，尤其是党的十八大之后，在党和国家的领导下，包含道德模范引领作用在内的多种道德建设力量共同推进了我国的道德文化建设，增强了国民的道德自信，净化了社会的道德风气。但同时也要看到，一些不好的社会风气和扭曲的道德价值取向还在不同范围内存在，道德建设仍然是任重道远。通过这种应然与实然的对比我们可以看到，道德模范的社会功能发挥虽然取得了一定的成效，但仍然有较为广阔的空间。

4.2 道德模范社会功能发挥面临的困境

道德模范社会功能的发挥是一个系统的工程，包括道德模范的选树、形象塑造、宣传推广、大众接受、机制保障、综合评价等多个环节，每个环节具有各自的特点又彼此密切关联，每个环节具有一定的独立性又受到社会历史条件、时代需求、道德环境、大众认知水平的影响。在这一背景下，当前道德模范社会功能的发挥在各个阶段、各个环节面临的困境和问题主要包括：

4.2.1 道德模范选树：程序科学性、合理性存疑，公众产生认知疲劳

为了研究的深入细致，作者将前述道德模范产生的两种渠道进一步细化为三种路径。除了由政府各部门主导的官方的道德模范评选表彰活动外，还有由社会组织、民间机构开展的各类模范、榜样评选活动，比如“感动中国评选委员会”、中央电视台组织开展的“感动中国”评选活动等，也是具有一定的官方背景。此外还有由纯民间或个体借助网络等媒体构建的道德人物，比如吴加芳，其妻子在汶川5·12大地震中不幸丧生，吴加芳流着血泪“背妻子回家”，被媒体和网民奉为重情重义的典型，人间挚爱的模范。理想

状态下，这三种路径应该互相补充、互相完善于中国道德模范构建体系的大框架下，但是在实际的运行层面，由于多重复杂因素影响，这三种路径的权威性和公信力都受到了人们的质疑，具体体现在：

道德模范官方评选：重结果不重过程，活动透明度低，群众参与度低。道德模范社会功能的发挥不仅限于模范事迹的宣传推广，大众对模范产生阶段的充分参与也是一个受到道德感化和提升的过程。但是现在官方推出的种种道德模范评选活动往往是只重结果不重过程，不重视大众的参与，不接受大众的监督，客观上割裂了大众与模范的情感距离，造成了“我们”大众和“他们”模范的认同隔阂。此外，官方推出的种种评选活动往往有较大的覆盖范围，历时长，区域跨度大，过程较繁琐，透明度较低又缺乏监督，这无疑会加重大众对其公开公平公正的怀疑，进而也影响了对道德模范的心理认同和接受。

道德模范半官方评选：以传播价值降低道德标准，选取人物典型性不足，缺乏公信力。与纯官方的道德模范评选活动相比，半官方的相关活动往往在活动定位上就有了更多其他方面的考量。以“感动中国年度人物”评选活动为例，人们对这一活动的第一印象往往是觉得“这是一台晚会”，对于其所推介人物的产生过程也是知之甚少。实际上，其制定的评选方式也有意与大众保持距离：先是由“感动中国推委会”推荐一些备选人员，由“组委会”搜集人员相关资料，再由“推委会”根据这些资料确定最后的“候选人”，经公众投票和最终决议后确定获选人员名单。也就是说，大众可以选择的“人物对象”是经过组委会、推委会两层选拔后提供的，这无疑增加了大众与人物的距离。从活动的重头戏“颁奖晚会”来看，该评选也被认为有一定的以传播价值降低道德标准的情况：“这些人物（院士、党政领导）因为自身的影响力已经名利双收，他们之所长也非精神和道德领域，与以情感和道德命名的《感动中国》实际关联不大。但节目又要说服观众产生感动，这种矛盾必然会产生牵强附会，硬性制造感动的伪道德画面。”①

道德模范草根推介：程序缺失、标准混乱，极大降低大众对道德模范的接受和认可。全媒体时代，有更多的人通过占有网络、微信等传播媒介获得一定的话语权，同时为了获得所谓的“眼球效应”，很多媒体和个人往往对各种信息不加辨别或有意取舍，以至出现很多假新闻假信息。在以网络为主要渠道、以网民或普通记者为推介主体的道德模范草根推介过程中，这种情况也普遍存在，一切都可以成为所谓的“卖点”，包括道德以及道德人物的塑造。这种草根道德人物因为与人们生活的极端贴近、道德事迹的极端渲染（甚至凭空捏造）很容易获得大众的呼应和认可，但往往禁不住更加全面、客观、细致的考量，由此导致的草根道德人物形象的破裂，不但会消解大众对社会道德水准的期许，更会直接败坏社会道德风气。

以上三种渠道选树的大量道德模范，在多方平衡与同质量产中往往容易造成公众的认知疲劳，主要表现在两个方面：一是由于道

① 王素芳.《感动中国》背后的创作弊端和现实困境——基于2002—2016年电视栏目《感动中国》的叙事分析［J］. 新东方，2016（02）：67.

德模范的数量越来越多，在多方平衡下又有彼此同质的情形，区分度不高，使得公众无法准确掌握道德模范及其体现的道德追求。道德模范的本来意义是指有高尚道德思想追求、崇高道德实践的模范、表率，但是在社会化的语境中，道德模范又外化为一种道德衡量指标，某个地域、某个行业是否产生官方或半官方认可的道德模范，产生多少道德模范，成为衡量该地域该行业道德水平的重要标准。一般来说，各种道德模范评选机构并不具备对地域或行业进行道德评判的深度了解，但又无力改变社会对模范人物的附加看法，于是一个比较稳妥的办法就是在各种道德模范之间制造一种人为的平衡，尤其是一些全国性的道德模范评选活动，往往会规定某个省市产生的模范人数，某个行业领域产生的模范人数，甚至有年龄、性别、民族的考虑界定，这种多重平衡下的道德模范往往就有了同一的特性，难以进行区分界定。

另一方面，公众对道德模范的认知疲劳也与公民个体自身的认知能力和容量有关。人都是社会关系的产物，扮演多种社会角色，人的大脑所能接受和储存的信息有限，对于信息分辨记忆的能力也有差别。因此公众在面对越来越多的道德模范时，很自然地就会有一个对其重要性和必要性的判断，道德模范的道德感化和引领作用毋庸置疑，但是大量道德模范的不断出现却会降低大众对其重要性的认识，所谓物以稀为贵，模范相关信息因为太易获得而被人们不自觉的轻视。

4.2.2 道德模范的宣传推广：不平衡的推广格局与模板化的宣传策略

道德模范的产生只是其充分发挥社会功能的前提和基础，在现代传播视野下，通过有效的传播路径和手段，将道德模范及其事迹及时、准确、充分地传播给社会大众并引起他们的思想触动和道德共鸣，进而引起其具体行为的改变，多有善念，多言善语，多有德行，才能真正地将道德模范的社会功能落到实处。但是当前，道德模范在宣传推广阶段存在一定的问题，主要表现在以下几个方面：

在道德模范宣传推广的整体布局上，存在明显的不平衡现象。一是存在上热中温下冷的情况，具体来说，就是国家层面推出的道德模范往往能够受到中央媒体的集中宣传报道，但是在省市层面就会相对削弱一些，到了区县一级可能会被再次减弱。以 2015 年第五届全国道德模范评选表彰活动为例，通过在 CNKI 上搜索关键词“道德模范”，发现在 2015 年，CNKI 所收各类报纸、刊物共发表相关文章 68 篇，其中人民日报、光明日报、紫光阁等中央媒体发表相关文章 21 篇；河南日报、兵团日报等省一级媒体发表相关文章 16 篇，约等于平均每两个省份发表一篇；宁波日报、长沙晚报等市一级媒体发表相关文章 12 篇；其他媒体如《冶金企业文化》等行业性刊物发表相关文章 19 篇。二是存在“横向有边、纵不见底”的情况。横向有边是指，在道德模范及其事迹的宣传推广过程中，因为各种原因导致宣传的范围被限制，有了边界，不能实现宣传效益的最大化。比如因为地域的限制，各省、自治区、直辖市等评选的道德模范人物宣传推广往往限于其所在的行政区域，很难在其他地方产生影响，严重削弱了道德模范社会功能的发挥。纵不见底是指道德模范的宣传推广没有真正的深入基层，虽然也有一些地方开展了一些“道德模范进社区”“道德模范进农村”的活动，但是形式比较单一，基本上都是依托某一活动在一些特定节点（如全国、各地的道德模范评选活动前后）请模范人物做讲座，缺乏一种连贯性和深入性，道德模范社会功能的发挥不实、不充分。

在对道德模范及其事迹进行宣传的具体策略上存在模式化、简单化的倾向。模式化是指在对道德模范事迹进行宣传报道的过程中短于叙事，长于抒情，甚至为了煽情而扭曲事实，由此造成的一个后果是不能向大众全方位的展示道德模范的成长历程及其丰富的内心世界，使得道德模范的形象不够完整不够丰满不够真实，人为的被虚化甚至神化，最终适得其反，引起人们的怀疑或否定。全国道德模范、中国杂交水稻之父袁隆平曾经参加过一次跟大学生的见面会，有一个学生向他提问说我们都听说了您的事迹，非常感动。听说您由于工作投入辛苦几次晕倒在稻田里，醒来之后接着工作，这是一种什么样的理想信念在支撑着您？袁隆平回答说一个人拥有健康的身体才是进行工作的前提，大家一定要爱护自己的身体。媒体的报道不是真的。与之相关的是，媒体在对道德模范及其事迹进行报道时在对事实进行记述、对情感进行阐释的同时，往往并没有对其行为价值进行严肃的思考和深入的挖掘，在宣传报道过程中存在一种简单主义。这种宣传方式无疑削弱了道德模范评选活动与社会主义核心价值体系构建的密切联系，也让大众面对众多道德模范往往“知其然不知其所以然”，不能从理想信念、道德追求层面去与道德模范进行深入的对话，影响道德模范社会功能的发挥。

4.2.3 道德模范的后续保障和功能评价：体制机制不健全，缺乏功能评价的标准体系

道德模范作为一个个体，他的生存和发展不可能脱离其所处的时代，依附于一定的社会生活环境。但是道德模范身份的特殊性使得他们在与他人、与社会的交往过程中往往容易遇到一些问题，尤其是在道德模范后续保障机制不健全的情况下还会面临一些困境和难题，比如有的单位对于道德模范的肯定停留在精神层面，对于那些生活困难的道德模范提供的实际帮助少，使其面临生活的困顿以及精神的压力；有人认为道德模范已经获得了巨大的荣誉和利益，因而在现实的生活环境中应该主动“吃亏”、主动牺牲个人正当利益，实际上这种道德绑架既曲解了道德和模范的意义，也降低了自己的道德水准；还有的道德模范因为相关体制机制不健全，造成自己“流血又流泪”，尤其是很多见义勇为模范，在施行义举的过程中自身的生命财产权益受到了损害，但是却无法获得法律的有效保障。一位见义勇为者曾经感慨：“回想当初的奋不顾身，对照现在的处境，有时感到真是光荣一时，后悔一世。”①以上种种都是道德

① 马超，贾冬．让见义勇为者不再“流血又流泪”［N］．法制日报，2016－09－20（10）．

模范后续保障体制机制不健全造成的后果。

此外，纵观我国当前的道德模范及其社会功能发挥体系，会发现还缺少一个重要的环节，那就是道德模范社会功能标准和评价。从中央到地方各种官方的、半官方的、民间的道德模范评选推介活动推出了数量众多的模范，但是这些模范是否发挥了应有的功能、如何考量其功能发挥情况却缺少具体的量化指标，由此造成的一个现象是各道德模范推介机构往往把关注重点放在模范的选树上，而不是将其功能最大化上；把重点放在新一届模范评选活动的开展上，而不是对以往活动的深刻总结上；把重点放在相关活动细节的小修小补上，而不是对体制机制的整体把握、完善上，由此导致我国当前的道德模范评选活动越来越多却没有审核、退出机制，模范人数越来越多却缺乏对人物事迹的深入挖掘，规模越来越大却缺乏体制机制的日益完善。这种只重当下、不念过往、不思将来的态势，不利于我国道德模范社会功能发挥体系的内涵优化发展，长此以往也会影响相关活动在大众之间的公信力和影响力。

4.2.4 网络时代的道德模范社会功能：虚化、物化、神话并存的困境

将道德模范社会功能单独放在互联网的视域下进行审视，主要是源于网络对于当下生活的全方位、多领域渗透，使得人们对事物的感受方式、与自我与他人的交流方式、与社会的联系方式都发生了极大的变化。网络世界既与现实世界紧密相连，又有着明显的不

同和差异，这种不同和差异为道德模范社会功能的发挥提供了一些便利，但也带来了一些问题，主要表现在：

网络虚无主义造成道德模范形象的虚化。在网络背景下，时间空间的概念被打乱，个人隐匿于屏幕之后，可以随时随地自由地表达自己的意见，基本没有任何规则和禁忌，由此导致了怀疑一切、否定一切的网络心理态势，以此对道德模范及其事迹进行解读，往往容易造成道德模范形象的虚化：道德模范的动机被怀疑，道德模范的行为被歪曲甚至被娱乐消遣。比如某人曾在网上歪曲评价雷锋，说他做好事是“愿意显摆”，其写日记“一定是为了给大家看的”，甚至妄下结论“这历史有的时候是很难经得起推敲的，很多英雄典型的形象不见得是你心中想的那样……任何完美都是一个等待拆穿的骗局。”① 可以说，任何一个正常人看到这样颠倒黑白、哗众取宠的话语都会义愤填膺，但是在网络背景下，这种对英雄模范人物的歪曲解读却因为迎合部分人的虚无、猎奇心态而获得了一定的市场和空间，冲击了模范人物的纯粹性，造成人物的虚化。

网络拜金主义造成道德模范社会功能的物化。网络时代的到来彻底改变了人们的生活方式，也带来了新的带有网络特点的财富创造方式，所谓的网络流量、点击率等都和利益画上了等号，由此带来网络拜金主义盛行，为了博得网络卖点和关注不择手段，甚至将道德也作为可以待价而沽的商品，“卖惨众筹”“舍身救父”种种的道德乖张行为层出不穷。2016 年 2 月，一个名叫张瑞峰的人，自

---

① 雷锋生前战友冷宽、夏孝栋、乔安山等集体发声质问：梁宏达诋毁雷锋居心何在？［EB/OL］．雷锋网，http：//www. leifengwang. org/h－nd－3566. html.

称是山东烟台下辖栖霞市观里镇东南庄村“大学生村官”，在淘宝网上发起樱桃众筹项目。短短一个月获得近8000人支持，筹得100多万元款项。一些消费者在收到樱桃后却发现，产地可能并非是此前宣传的山东烟台，且樱桃的品质也比较差。更有人发现，张瑞峰的村官身份也系伪造。① 这种以道德模范自居、把自己伪装在道德制高点上，物化道德、消费大众同情心的行为，无疑极大损害了道德及其道德模范的纯粹性、社会功能的发挥。

网络的丰富性和多元性造就了互联网视域下道德模范虚化、物化与神化并存的格局。道德模范的神化是指通过不同网络渠道的宣传渲染，将道德模范的崇高的道德追求和高尚的道德言行绝对化并无限放大，将其作为个体人所面临的生活和生存困境甚至心路历程的复杂性无限缩小甚至人为忽略，造就“高大全”的道德模范人物形象，以期更好地发挥道德模范的社会功能。但是这种对道德模范神化的趋势既脱离了实际，又会受到来自网民的各方质疑和挑战，一旦“神”的形象被打破，会给道德模范自身乃至整个社会道德氛围带来负面的影响。

4.2.5 青年学生对于道德模范的模糊认知与学习困境

习近平同志说，青年是祖国的未来、国家的希望。② 青年的价

① 朋友圈众筹“卖惨骗捐”盛行，超三成网友不信任［EB/OL］. 天下网吧，2016－07－20. https：//www. txwb. com/xt/wbxtdt/201607/332789. html.

② 习近平在庆祝中国共产党成立95周年大会上的讲话［N］. 人民日报，2016－07－02（02）.

值取向决定了未来整个社会的价值取向，而青年又处在价值观形成和确立的时期，抓好这一时期的价值观养成十分重要。[①] 广大青年学生对道德模范的认知，道德模范对青年树立正确的世界观、人生观、价值观的影响，不但关乎青年个人的成长，也关系着国家未来的建设与发展。

当前，对于青年学生的模范教育也存在一些问题，传统的模范教育在内容、形式、途径上面临着新的挑战。模范标准的单一化、神圣化与大学生产生心理差距，“自上而下”式选取的模范选树方式与大学生产生认同差距，传统媒体的宣传方式与大学生存在接受习惯的差距。

第一，脱离现实的模范与平凡大众拉开距离，不宜效仿。舍己为人、有病不医、铁面无私等神圣化、完美化和理想化的模范忽略人的基本欲求，容易成为高于平凡人的道德符号。过于完美的模范会造成大学生在心理上认为模范脱离现实、高不可攀、不易效仿，与模范难以产生情感共鸣和价值认同。单一化的模范类型则不能满足不同群体、不同价值取向的大学生对模范学习的个性化需求。

第二，教育者推介的方式忽视学生的主动参与。传统的模范选树模式大多是教育者以“自上而下”的方式，将教育者认可的模范形象推介给学生。由于缺乏大学生的自主选择，学生往往对模范人物理解较浅，不能深刻理解其中所体现的符合大学生自身需求的价值标准，也就难以被大学生真正接纳。

① 习近平．青年要自觉践行社会主义核心价值观．习近平谈治国理政［M］．北京：外文出版社，2014：172.

第三，传统的模范宣传方式同样制约着模范教育在大学生中的影响。网络时代下成长的大学生受新媒体传播方式影响很大，而模范教育较多依靠电视、报纸、杂志等传统媒体。与大学生的信息接受渠道的脱节，导致模范教育与大学生的现实生活脱离，不能有效地发挥传递、引领社会主义核心价值观的作用。

4.3 当前造成道德模范社会功能发挥不充分的原因

当前，国家为了选树和推广道德模范，充分发挥道德模范的社会功能投入了大量的人力、物力、财力，从效果来看，虽然取得了一定的效果，但投入和产出仍不成正比，道德模范的社会功能发挥仍然面临着一些困难和不足。造成这种现象的原因有很多，既有宏观体制机制上的，也有微观细节层面的，既有社会大众思想层面的，也有模范自身选树宣传层面的，既有认识层面的，也有行为层面的。

4.3.1 对于道德模范社会功能的定位不准，重点模糊，缺乏统一的规划设计

道德模范基本的社会功能是导向、推广、激励、教化，结合中

国特色社会主义建设实践，可以具化为通过“把道德模范的榜样力量转化为亿万群众的生动实践，在全社会形成崇德向善、见贤思齐、德行天下的浓厚氛围。用社会主义核心价值观凝魂聚力，更好构筑中国精神、中国价值、中国力量，为中国特色社会主义事业提供源源不断的精神动力和道德滋养。”① 但是在相关活动的具体开展过程中，却存在定位不准、重点模糊、缺乏统一规划部署的问题，导致道德模范社会功能发挥出现偏差。

首先是定位不准问题。道德模范相关活动的主体呈现出多元化的态势，不同主体基于自身条件和诉求对活动有不同的定位，其中既有社会效益的考量，也有自身影响的考虑，更有经济利益的介入，体现在道德模范相关活动的具体开展过程中就会有不同的偏差。一般来说，官方开展的相关活动更加重视社会效益，但是由于这些活动没有与主体自身的利益诉求建立更直接的关联，往往使得相关活动缺乏求新求变、日趋完善的内在动力，长此以往就造成形式上千篇一律，内容上趋于僵化，缺乏实际的效果。相反，非官方主体开展的系列活动由于与自身影响和利益直接挂钩，能够有更多的灵活性和适应性，但是这种不加约束的灵活，尤其是对社会效益的弱化，可能会造成这些活动偏离了原有主题，使得道德模范及其社会功能发挥变成了载体和工具，经济利益成为了更加决定性的力量。前述一些所谓的“道德网站”等以道德绑架行径骗取他人钱财的行为就是典型的例子。

---

① 习近平对全国道德模范表彰活动作出重要批示［EB/OL］. 新华网，2015-10-13. http://politics.people.com.cn/n/2015/1013/c1024-27693671.html.

其次是重点模糊问题。道德模范社会功能发挥是一个系统工程，包括选树、宣传、保障、评价等多个环节，每个环节都发挥着各自不同的作用，但是在具体工作中不应这四个环节均衡发力，而应结合当前实际进一步突出重点工作，解决突出问题。应该说，通过多年的社会积累和经验总结，对于道德模范的选树工作已经是比较规范的，全国各个层面推介的模范数量日益增多，现在面临的最突出问题是相关宣传工作不到位，模范与大众的交流平台不顺畅、交流效果不深入，通过模范事迹引导人心向善的社会功能发挥不充分。因此，当前发挥道德模范社会功能的重点是要进一步完善对模范及其事迹的宣传推介机制，解决“把模范选出来就什么都不管”的问题。从整体和全局来看，这一点并没有在各级各类活动中得到体现。

最后是缺乏统一规划问题。整体来看，当前的道德模范及其社会功能发挥呈现出多而乱的趋势，同类同质化的活动太多，缺乏从中央到地方自上而下的明确的领导、指导体制，缺乏科学完善的统一规划，评选时间交叉、评选类型趋同、宣传路径单一、宣传口径类似，各种活动你方唱罢我方登场，使得大众眼花缭乱却难以印象深刻。

4.3.2 社会环境和大众心理的变化，为道德模范社会功能发挥提出了新的挑战

广义上来讲，道德模范社会功能发挥体现在直接和间接两个层

面，其直接的功能主要通过模范自身的行为来体现，比如那些爱岗敬业模范，通过自身努力直接推动各自领域、各自行业、各自事业的发展，为大众为社会谋取福利；间接功能主要通过影响他人来实现，道德模范的言行、事迹及其道德追求通过宣传推广对他人产生影响，进而引导激励大众人心向善、施以善行。通过两种功能发挥作用的模式可以发现，道德模范社会功能的发挥是在一定的社会环境中完成的，是通过作用于大众的心理而实现的，社会环境的变化、大众心理的转变必然会对其功能发挥带来新的挑战。

当前，中华民族进入了伟大复兴的历史进程，国家发展由“站起来”“富起来”转向“强起来”的阶段，社会环境各个方面发生了极大的变化，大众的社会心理也有了新的特点，在这一背景下，道德模范及其社会功能发挥的社会基础以及大众对社会的道德预期也有了新的内容：

社会生产发展为道德模范社会功能发挥提供了坚实的物质基础。如果说在新中国成立初期、改革开放时期的社会发展任务是在艰难困苦的条件下自力更生、艰苦创业，那么今天的社会发展目标就是在稳定、物质丰富的环境中着力推动社会各项事业的全面发展和进步。社会的发展给道德模范社会功能的发挥提供了坚实的物质基础，也打造了更新的平台和更丰富的媒介，也提出了新的要求和期许。如何适应社会新形势的变化，更新道德模范的功能设定，深化道德模范的内涵，拓展其作用发挥路径，是时代提出的课题，也是进一步深化道德模范社会功能的契机。

大众社会心理的变化为道德模范社会功能的发挥提出了新的挑

战。影响大众心理是道德模范发挥作用的主要机制。与社会物质文明建设极大提升相伴的是大众心理的巨大变化，各种信息以爆炸式的方式呈现，人们获得信息的途径日益方便快捷，对自我、对他人、对社会的认知日益多元，心理变化快速而微妙，鱼龙混杂，尤其是市场经济影响的拜金主义、西方渗透鼓吹的虚无主义、网络自由引发的个人主义等等负面的社会心理，成为消解道德模范价值、削弱道德模范功能的负面因子。如果固守现有的模范选树机制和推介体系以及价值认定标准，必然不能应对新形势下人们丰富而多元的心理状态，尤其不能抵御负面思想的冲击。

4.3.3 对于网络等重点领域和青年学生等重点人群，缺乏有针对性的关照和举措

依托网络技术的日益完善和普及，以微信、微博为代表的即时通讯工具全方位地嵌入到人们的日常生活，成为表达社会观点、传递社会情绪、引导社会舆论的重要平台。与之相关的是，广大青年学生成为运用网络的重要力量，以网络为媒介进行与社会的全方位接触。道德模范及其社会功能的充分发挥，必须充分利用网络阵地，紧密结合网络传播运用特点进行有针对性的设计安排，尤其要重视青年人的网络表达和接受习惯，以发挥更长久的效力。但是当前，道德模范相关活动对网络等重点领域和青年学生等重点人群的关注不够充分，有效举措更是缺乏。

单纯把网络当作道德模范社会功能发挥的工具，而不是主战

场。网络的一大特点是能够打破时空的限制、身份的羁绊，实现不同层面网民的深入沟通和交流，很多道德模范评选活动能够意识到网络对社会生活的广泛渗透，在评选道德模范、宣传模范事迹的时候开拓网络渠道以提供更加便捷的参与方式，但却缺乏与网民更加深入的沟通交流方式，使活动流于表面，很难打动人心。以“道德模范”为关键词在微信平台进行搜索，仅搜出5个相关公众号，分别为“道德模范”“延安市道德模范爱心公益协会”“奉化区何美蓉道德模范工作室”“辽宁省道德模范”“内蒙古道德模范”，这与当前我国实际开展的各级各类道德模范活动、评选出的道德模范数量相比，实在是微不足道。进入以上公众号页面，其页面设计简单，相关功能设置和内容安排也比较单一，主要是活动投票通道以及用文字的方式介绍相关模范事迹，基本没有评论、交流等沟通互动环节，很难吸引网民的关注和投入，更别说发挥引导网民进行道德思考和提升的作用。

没有充分认识到青年学生在社会建设和文明发展过程中的重要性，学生领域内的道德模范选树和推广缺乏针对性的举措。就社会发展来说，青年学生是建设中国特色社会主义的重要力量，继往开来，传承创新；就道德建设来说，青年学生尚处于道德认知完善、道德体系构建的重要人生阶段，亟需道德模范等榜样人物的引领，树立正确的道德观，处理好自我与他人、个人与社会、利益与价值等等复杂的关系，此外，青年学生天然具有的创造活力和社会感染力，也是推动道德模范社会功能发挥的重要力量。但是当前的道德模范相关活动举措对青年学生群体的关注不够，影响不足，在各级各类道德模范评选活动中，青年学生参与度低、模范人数偏少；在模范事迹的典型挖掘不够，仅有的学生道德模范事迹往往集中在见义勇为、尊老爱幼层面，青年为国家进步、社会发展做出的全方位贡献没有得到体现；模范事迹宣传不够，仅仅满足于做讲座、办报告等传统方式，没有结合学生特点开展线上线下的互动联结；教育方式单一，没有实现道德教育与日常学习生活的紧密结合，没有构建学生、家庭、社会三位一体的道德教育体系。

4.4 案例分析：全国道德模范评选表彰活动

为了对当前道德模范及其社会功能发挥的现状有一个更直观的认识，本研究以 2007 年开始的全国道德模范评选表彰活动系列材料为对象，通过数据统计分析、问卷调查的方式，力图呈现一幅当前道德模范社会功能发挥的原生画像，这既是对前述研究成果的论证，也为后续提出优化道德模范社会功能发挥的路径提供坚实的数据支撑和事实依据。

4.4.1 活动概述

全国道德模范评选表彰活动开始于 2007 年，活动举办的初衷是为了落实《公民道德建设实施纲要》，后来通过历届活动的积累，体制机制不断完善，参与人数越来越多，覆盖面积越来越广，举办规格越来越高，社会影响越来越大，成为当前参与度最高、公信力最强、影响力最大的国家级别的道德模范评选活动。

经过多年的经验总结和成果固化，当前的全国道德模范评选活动固定为由中宣部、中央文明办、解放军原总政治部、全国总工会、共青团中央、全国妇联六部门联合举办，每两年组织一次，通过推荐、评选、表彰等环节，分别选出助人为乐模范、见义勇为模范、诚实守信模范、敬业奉献模范、孝老爱亲模范五类模范，每类表彰10名左右，5类共表彰50－60名模范代表，同时对未当选全国道德模范的正式候选人授予全国道德模范提名奖。截止到2017年，六届活动共计评选出336位道德模范和1571位提名获得者。

全国道德模范评选表彰活动的具体流程包括：

1. 确定指导思想。全国道德模范评选的指导思想，是指导评选全国道德模范的理论基础和行动指南。每一届《关于评选表彰全国道德模范的通知》中都会明确指出本届活动评选的指导思想，体现开展此次活动的目的，反映出国家在道德建设方面的总的指导思想。如第六届全国道德模范评选表彰活动的指导思想是：深入贯彻落实党的十八大和十八届三中、四中、五中、六中全会精神，深入学习贯彻习近平总书记系列重要讲话精神和治国理政新理念新思想新战略，牢固树立政治意识、大局意识、核心意识、看齐意识，以培育和践行社会主义核心价值观为根本，广泛发动群众参与推荐和评选第六届全国道德模范，推出事迹突出、品德高尚、群众认可度高、示范引领作用大的道德模范，充分展示党的十八大以来社会主义思想道德建设的丰硕成果，大力组织开展道德模范宣传学习活动，把道德模范的榜样力量转化为亿万群众的生动实践，推动道德建设取得新进展、新成效，形成崇德向善、见贤思齐、德行天下的浓厚氛围，迎接党的十九大胜利召开。①

2. 开展活动（以第六届活动为例）：发动群众推荐，主办单位成立全国道德模范评选表彰活动组委会（以下简称“全国活动组委会”）及其办公室，各省、自治区、直辖市和新疆生产建设兵团以及军队系统成立相应机构，启动评选表彰工作。全国活动组委会下设评选委员会。各地和军队系统组委会应及时宣传公告评选活动和推荐办法，畅通本地区本系统参与渠道，引导群众广泛推荐候选人；组织遴选推荐，各省、自治区、直辖市和新疆生产建设兵团文明委以及中央军委政治工作部，在本地区本系统层层推荐的基础上，按照综合考量、优中选优的原则提出拟推荐的候选人名单，在媒体上进行公示、征求意见后，经各省（区、市）、兵团文明委领导和中央军委政治工作部领导审签，分别填写推荐表报全国活动组委会办公室；集中宣传公示，全国活动组委会在中央主要新闻媒体和重点网站展示介绍候选人基本情况及主要事迹，听取群众意见，接受社会监督；组织投票评选。全国活动组委会组织“万名公众代表”和评选委员会投票，根据投票结果，提出全国道德模范及提名奖建议名单。

---

① 中共中央宣传部、中央文明办等6部门关于评选表彰第六届全国道德模范的通知［EB/OL］. 新华网，2017－05－26http：//www.xinhuanet.com/politics/2017－05/26/c_ 1121044949.htm.

3. 进行表彰。中央文明委审定建议名单后，做出表彰全国道德模范的决定，召开表彰大会，举行颁奖仪式。

4.4.2 历届活动数据统计分析

通过对已开展的六届全国道德模范评选表彰活动的结果与表彰环节进行系统梳理，基本情况如下：

首先，对六届全国道德模范和道德模范提名奖获得者的具体人数进行统计，结果如下表 1－1 所示。全国道德模范人数评选入围人数、获奖人数、提名奖获得人数基本保持平衡，第五届、第六届活动中评选人数较前四届略有增多。在 2007 年的第一届全国道德模范评选表彰活动中，共评选表彰 53 位道德模范和 254 位提名奖获得者；在 2009 年－2013 年的第二、三、四届活动中，评选表彰的道德模范和提名奖获得者人数基本相近；2015 年的第五届活动，评选表彰道德模范人数和提名奖获得者人数增多至 62 位和 265 位，2017 年的第六届活动则分别为 58 名和 265 名。六届活动总计评选表彰 336 位道德模范和 1571 位提名获得者。从获得提名与最终获奖人数对比来看，入围获奖率基本保持在 17%，第五、第六届稍高，分别为 19% 和 18%。结合日益增多的各种人数数据，一方面显示出近几年来参选道德模范的事迹日益突出，另一方面也可以看出相关部门有意于通过扩充获奖人数扩大道德模范影响，当然这种扩充也是遵循稳中求进的原则，还是有整体的稳定性。

表1-1 全国道德模范评选表彰活动情况统计：

历年获奖人数（截止到第六届）

届次	入围人数	道德模范获奖人数	提名奖获奖人数	入围获奖比
2007年第一届	307	53	254	17.3%
2009年第二届	317	55	262	17.4%
2011年第三届	314	54	260	17.2%
2013年第四届	319	54	265	17.0%
2015年第五届	327	62	265	19.0%
2017年第六届	323	58	265	18.0%
合计	1907	336	1571	17.6%

对336位全国道德模范的基本情况统计如下（表1-2）。从表中反映出的特点是，随着表彰的总人数的逐届增多，活动的覆盖面、范围也随之扩大。如下表所示，表彰的女性道德模范人数逐届增多。每届表彰的道德模范年龄范围也随之扩大，目前最大的道德模范100岁，最小的仅有12岁：百岁抗战老兵（颁奖年份2015年）、离休干部王福昌，在战争中身受重伤留有残疾，却不计个人生活艰辛，多年来累计向希望工程、支援西部建设捐款、交纳特殊党费合计69万元，被评为第五届助人为乐道德模范；2015年5月，12岁（颁奖年份2015年）的小学生周美玲看到一个3岁的男童要被车撞，她毫不犹疑地冲上去救下小男孩，自己却身受重伤，因为这一义举她被评为第五届见义勇为道德模范。少数民族道德模范所占比例也较稳定，基本保持在15%左右。党员模范人数一直占有较高比例，每届党员所占比都超过50%，切实说明了党员领导干部在提高自身道德约束、发挥道德先锋模范作用方面起到了带头作用。

表 1－2 全国道德模范基本情况统计（截止到第六届）

届次	性别（人）	年龄（岁）	民族（人）	政治面貌（人）
2007 年第一届	男 33	最小 18	汉族 48	中共党员 36
	女 20	最大 90	少数民族 5	非党员 17
2009 年第二届	男 39	最小 22	汉族 46	中共党员 31
	女 16	最大 82	少数民族 9	非党员 24
2011 年第三届	男 34	最小 12	汉族 45	中共党员 31
	女 20	最大 89	少数民族 9	非党员 23
2013 年第四届	男 31	最小 12	汉族 44	中共党员 32
	女 23	最大 97	少数民族 10	非党员 22
2015 年第五届	男 39	最小 12	汉族 51	中共党员 37
	女 23	最大 100	少数民族 11	非党员 25
2017 年第六届	男 37	最小 18	汉族 52	中共党员 36
	女 21	最大 90	少数民族 6	非党员 17
合计	1907	336	1571	17.6%

最后，对各届全国道德模范的职业情况进行分类统计，结果如下（表 1－3）。统计结果表明，历届全国道德模范评选表彰活动所评选表彰出的全国道德模范，各行各业人员都有，涵盖了工人、农民、科研人员、教师、学生、基层干部、军人、医务人员、个体劳动者等，他们是不同群体中的杰出代表。也就是说，全国道德模范评选表彰活动进行模范评选表彰的覆盖面大、范围广，而且他们都是百姓心中、百姓身边的道德榜样，可信、可学、可超。尤其值得一提的是，在各行各业的模范中，干部所占比例基本在历届都比较高，总人数也占多数，充分体现了党和政府对干部的学习教育到位，使其在各自岗位上发挥了模范作用。

表1-3 全国道德模范职业情况统计（截止到第六届）

届次	工人（退休）（人）	农民（人）	教师（科研）（人）	学生（人）	干部（人）	军警（人）	医务（人）	其他（人）
2007 年第一届	3	7	7	12	14	1	1	8
2009 年第二届	4	11	1	3	17	8	3	8
2011 年第三届	6	10	3	5	14	8	2	6
2013 年第四届	7	6	7	6	6	8	2	12
2015 年第五届	4	14	5	2	17	5	1	18
2017 年第六届	11	8	9	2	13	5	6	5
合计	35	56	32	30	81	35	15	57

此外，通过对六届道德模范相关数据及其他制度、文件、材料的对比分析，还可以总结出以下特点：

1. 党和国家领导人高度重视。在第一届道德模范评选表彰活动期间，胡锦涛接见了全国道德模范及提名奖获得者，随后历届道德模范及提名奖获得者的代表都获得了时任最高党和国家领导人的接见。2015 年 10 月，习近平同志对全国道德模范评选表彰活动作出重要批示，指出“要深入开展宣传学习活动，创新形式、注重实效，把道德模范的榜样力量转化为生动实践，在全社会形成崇德向善、见贤思齐、德行天下的浓厚氛围”①。2017 年 11 月 17 日，习近平会见了第六届全国道德模范代表，并请 93 岁的黄旭华、82 岁的黄大发两位模范坐在自己身边，以尊老敬老的实际行动彰显了党

① 习近平对全国道德模范表彰活动作出重要批示［EB/OL］. 新华网，2015－10－13. http://www.xinhuanet.com/politics/2015－10/13/c_1116812676.htm.

和国家对道德模范的尊重与认可，以及对良好道德风尚的倡导与追求。

2. 组织机构日益健全、完备。第一届活动的组织开展由中央文明办、全国总工会、共青团中央、全国妇联完成，自第二届开始，主办单位变为中宣部、中央文明办、解放军原总政治部、全国总工会、共青团中央、全国妇联，并沿用至今。这种组织架构有利于充分调动社会各个行业的积极性，实现评选表彰活动覆盖范围的最大化，并通过各自部门的省、市、区县组织将活动深入到社会的各个层面，真正地把活动办到老百姓的身边。

3. 配套制度日益完善。第二届评选活动开始有了明确的指导思想，各界活动指导思想具体内容不一致，但都遵循弘扬社会主义道德风气、服务社会文明建设的主题，此外还都会结合国家正在开展的重要工作提出道德服务保障要求，比如“以良好的道德风貌迎接十八大的召开”等；提出明确工作要求，确保工作质量。如加强组织领导、重在推动工作，面向基层、群众参与，宣传引领、完善激励机制、树立正确价值导向。

4. 充分听取民意，群众广泛参与。第一届活动全国各地参与人数3487.04万人，推荐人选36446人；全国组委会共收到选票2200万张，其中人民日报等平面媒体选票1700万张，网络媒体选票500多万张。2007年12月10日，在首届全国道德模范评选表彰活动结束之后，中央文明办发出《关于征求全国道德模范评选表彰届次安排意见的启事》，面向公众对活动届次安排征求意见，在充分征求各方意见的基础上，最终确定每两年开展一次活动。

5. 帮扶困难模范。2007年，在第一届评选表彰活动开展之际，中央文明办制定了《帮扶生活困难道德模范实施办法》，据此对王顺友等14名生活困难道德模范进行生活帮扶。帮扶方式多样，主要包括为家庭生活困难模范资助生活费、为年老模范购买养老保险、为在读的大学生模范提供学费和生活费等，金额从2.4万元至15万元不等。在此带动下，各地政府、社会组织和普通民众都加入到对生活困难道德模范的帮扶中来，不让模范“流血又流泪”，使得关心模范、帮助模范的举动蔚然成风。

6. 给予社会尊重和认可。2008年8月，中央文明办邀请第一批全国道德模范分批前往北京参加北京奥运会、残奥会开（闭）幕式，全国助人为乐模范吴天祥等10人还参加了奥运火炬传递活动。在《关于评选表彰第五届全国道德模范的通知》中首次提出，“争取将全国道德模范列入国家荣誉称号范畴；落实《帮扶生活困难道德模范实施办法》，切实帮助解决实际困难，使好人有好报；探索建立礼遇道德模范制度，组织道德模范参加重要节庆活动，彰显他们的崇高社会地位。”① 目的是建立完善的全国道德模范表彰机制，发挥全国道德模范的重要育人功能，引导并培育广大人民群众的正确道德选择和道德行为，逐渐形成良好的社会新风尚，进而使得全国道德模范评选表彰活动更扎实、有力的开展下去。

---

① 关于评选表彰第五届全国道德模范的通知［EB/OL］. 新华网，2015－04－30. http：//www.xinhuanet.com/politics/2015－04/30/c_1115150072.htm.

4.4.3　道德模范评选表彰活动的社会功能发挥情况

为了更好地掌握道德模范社会功能发挥的实际情况，了解大众尤其是青年学生对于道德模范的基本认知、信息获得方式、作用发挥影响因素等信息，作者根据研究需要设计了调查问卷，并在高校及其社会人员范围内进行了问卷调查，并对结果进行了认真的统计分析。本次调研共发放问卷500份，回收485份，有效问卷485份，有效率为87%。其中针对北京联合大学、北京服装学院、首都经济贸易大学三所高校教师学生发放问卷300份，向北京市教委等党政机关发放问卷50份，向首旅集团等企事业单位发放问卷50份，向望京花园等社区居民发放问卷100份，通过调查对象的丰富性和多样性以保证调查数据的全面、可靠。通过对问卷进行认真整理、分析，从问卷中反映出全国道德模范评选表彰活动的基本情况如下：

1. 大众对道德模范评选表彰活动的基本认知情况

了解社会大众对道德模范评选表彰活动的基本认知情况是十分必要的，这既是对已经举办的历届活动成果的检验，更是反映了大众对社会道德建设的关注度及参与热情。相关数据统计分析如下：

2－1　大众对全国道德模范评选和表彰活动的基本认知统计

1. 是否知晓全国道德模范评选表彰活动？

A. 知道 86%　　B. 不知道 8%　　C. 不清楚 6%

2. 是否知道活动评选的模范种类？

A. 知道 21%　　B. 知道几个 46%

C. 不知道 18%　　D. 不清楚 15%

3. 是否知道活动开展的时间?

A. 知道 27%　　B. 不知道 68%　　C. 不清楚 5%

4. 是否知道活动开展的相关程序?

A. 知道 17%　　B. 不知道 79%　　C. 不清楚 4%

5. 是否参与过道德模范评选表彰活动的投票或相关环节?

A. 参与过 21%

B. 没参与 36%

C. 没参与，但参与过其他类似活动 46%

6. 对全国道德模范的认知情况?

A. 知道 1 位 56%　　B. 知道 3 位 11%

C. 知道 3 位以上 8%　　D. 完全没印象 25%

通过对以上数据分析可以得知，经过多年的活动宣传和推广，大众已经建立了对全国道德模范评选表彰活动的基本认知，但是对一些具体环节的把握不够细致充分，不能准确说出道德模范的评选种类和时间；对活动的参与度较低，但是很多人表示曾经参加过其他的类似活动，这也从另一个侧面说明了当前我国各界对道德模范活动的重视，给了大众更多的参与推荐评选模范的平台；从活动的基本效果来看，人们能够实现对个别道德模范的深刻记忆，但是对更多的模范还是缺乏基本认知。以上数据共同说明了道德模范评选表彰活动在大众中的宣传推广任务是任重道远。

2. 大众对全国道德模范评选表彰活动相关信息的接收情况

在当今社会，每个人都是一个独立的个体，同时又通过各种社会关系彼此关联、相互影响，并在这一过程中获得信息、加工信息进行二次传播。对于道德模范评选表彰活动来说，大众对相关信息获得的动因、路径以及相关影响因素是多样的，找到其中的关键环节对于提升模范传播的有效性意义重大。

2-2 大众对全国道德模范评选和表彰活动的信息接收情况

1. 了解全国道德模范评选表彰活动相关信息的原因？

A. 个人兴趣 31% B. 工作任务 52%

C. 学术研究 6% D. 其他 11%

2. 了解道德模范评选标准活动的主要途径？

A. 报刊报纸 21% B. 网络 56%

C. 宣讲会等线下形式 16% D. 其他 8%

3. 影响对相关信息接收的因素？

A. 宣传方式单一 15% B. 人数太多 42%

C. 信息获得渠道不方便 16% D. 事迹典型性不够 27%

通过上述数据可知，人们对全国道德模范评选表彰活动进行关注的原因多样，既有基于个人兴趣的，也有出于工作任务和学术研究需要的，但更多的是出于客观因素，大众主动、积极的关注参与活动的意愿不高；从途径看，网络仍然是大众参与模范评选相关活动的主要平台，这主要是由其便利性和普及性决定的，传统的报刊报纸的传播效率远远低于网络，宣讲会等线下宣传方式虽然是传播道德模范的重要路径补充，但作用发挥有限，线上与线下结合形成的传播整体效力不突出；影响人们接收模范相关信息的原因很多，就活动本身来说，六届活动评选的模范人数较多，对模范事迹的典型性提炼不够，致使大众对于模范出现了认知疲劳和记忆难题，对其事迹及其道德思想内涵不能有深刻的把握，就客观条件来说，面向大众的宣传方式单一、不便捷也是影响人们接受相关信息的重要原因。

3. 全国道德模范评选表彰活动社会功能发挥情况

对于道德模范社会功能发挥的评价是一个系统的工程，单就公民个人来说，对模范功能的评价也是一个不断探究自己内心道德建设的过程。

2-3 全国道德模范评表彰选活动的社会功能

1. 你认为全国道德模范评选表彰活动有哪些功能？（多选）

A. 引导人心向善 98%　　B. 净化社会道德风气 95%

C. 激发干事创业热情 51%　　D. 其他 21%

2. 全国道德模范评选表彰活动是否对你产生了影响？

A. 没有影响 9%　　B. 有一定影响 43%

C. 影响很深 38%　　D. 说不清 10%

3. 全国道德模范评选和表彰活动对你产生了何种影响？

A. 对相关活动更加关注 41%

B. 向模范学习 31%

C. 主动宣传模范事迹 10%

D. 说不清 18%

通过以上数据可以看出，大众对于道德模范社会功能的认知比较统一，基本上都认可其对个人道德水平提升以及社会道德建设的重要作用，但是对丁道德模范的表率和激励作用，即通过模范的道德追求和实践激发人们投入社会建设的热情，在不同人群还有差异；就个体来说，道德模范评选活动推荐的模范及其事迹，通过各种宣传推广方式对绝大部分公众产生了积极的影响，但是影响的深度有待加强；这种影响主要还是停留在对活动的关注层面，真正能将这种心理的影响转化为具体的实践的比率还不够高。

4. 更加充分发挥道德模范社会功能的建议

道德模范社会功能的发挥最终要靠人民群众的实践来检验，在这一过程中大众也形成了自己的观点和看法。

2－4　如何更好发挥道德模范社会功能

1. 改进宣传方式，充分利用网络、微信等普通人更便捷的接受方式

2. 提炼内容，树立更加让人印象深刻的模范典型

3. 拓宽路径，让模范走进普通人的生活

4. 改进选树机制，让更多的人知晓活动、参与活动

面对问卷调查的开放式问题“如何更好地发挥道德模范社会功能”，大众提出的相关意见建议很多，归纳起来主要集中在四个方面（表2－4），即要进一步地完善全国道德模范评选表彰活动的体制机制，尤其是要考虑到网络时代人们的信息接收方式和活动参与方式，开通更多微信服务公众号等即时网络信息平台，让人们参与起来能够更加便捷；要在优化宣传内容、丰富宣传形式上下功夫，改变当前相对刻板的宣传格局，多措并举深入挖掘模范的典型事迹，打造让人印象深刻的道德模范典型；要实现线上与线下的有机结合，通过座谈会、报告会的方式，让模范走进普通人的身边，以

其现身说法将其道德实践更加的具象化，与大众进行更多面对面、心与心的沟通和交流，从而更好地发挥对大众的引导、激励等作用。

4.4.4　对全国道德模范评选表彰活动的综合评价与改革创新的可能路径

全国道德模范评选表彰活动可以说是中国社会道德建设的一张名片，文明建设的一个品牌，是对中华优秀传统文化的继承和发扬，是对社会主义核心价值体系构建的呼应和推动，为中华民族伟大复兴、中国梦的实现提供了道德支持和精神动力。通过该项活动，道德模范自身获得了广泛的尊重和认可，成为他们继续发挥道德楷模作用、促进社会和谐发展的重要推动力量；大众心中正式确立了道德模范的概念，向模范学习有了具体的目标和明确的内容，参与社会道德建设有了具体的条件和路径；整个社会营造了尊爱模范、学习模范、成为模范的浓郁氛围，构建了道德水平提升的良好环境；中国的道德文明建设体系日益完备充盈，在与世界的道德文化交流对话中有了更加坚定的自信和从容。

我们应该充分肯定全国道德模范评选表彰活动发挥的巨大作用，但是从发展的角度对其进行整体关照和细节把握，还是能发现一些不足和有待改进的地方：

首先，从体制机制来看，该活动严格履行相关程序，每两年开展一届，每届评选 5 类大约 50 人的模范，评选结果要综合考虑地域、行业等因素。这些有型的程序和原则保障了活动过程的规范和有效、活动覆盖范围的全面，具有历史的贡献和深远意义，但是一定程度上也体现了一种“简单化”的态势，尤其是将道德模范进行地域、行业上的“平均主义”划分，看似保障公平，实际上并不合理。因为从常识来看，每两年每个地区每个领域产生的各类型模范数量不可能是一个限定的平均值，人为地制造平衡无疑会引起大众对其合理性和必要性的重新审视。所以，如何在坚持传统与适度创新、坚持全面覆盖与回应大众关切之间进行科学有效的调整，是全国道德模范活动必然要面对的一个考验。

可能的改进措施是：针对当前全国各层次评选活动日益增多的现状，对两年一届的时长进行调整，可以考虑结合国家各个阶段的五年规划，将每届的评选间隔调整为五年，更加突出道德模范与国家规划社会发展的结合和呼应；对现有的选树机制进行调整，打破每一届的地域、行业等平衡因素，破除数量上的平均主义，站在更长远的时间节点上，追求一种整体的平衡；结合当前的时代需求和社会特点以及大众认知习惯，对现有的五种道德模范类型进行调整，进一步丰富其内涵，使其具有更广泛的代表性，更加贴近百姓的生活；进一步完善投票机制，增加群众投票的权衡分量，并及时向社会公布。

其次，从媒体运用来看，该活动能够调动利用最顶尖最核心的传播资源，如人民日报等中央媒体，央视焦点访谈等社会热点栏目，但是重心下移不够，宣传的力度从中央到地方，从省、直辖市、自治区到市、县、区顺次减弱；横向扩散不够，将宣传重点聚焦主流媒体，尤其是纸媒和电视传播，对网络尤其是微信等自媒体的覆盖不够充分，缺乏与大众尤其是广大网民的有效互动；价值挖掘不够，更多的篇幅用于对道德模范个人故事的讲述、情感的挖掘，对于道德模范群体的画像不够生动，核心价值提炼不充分不到位，没有依托广大模范的道德实践进行精神层面地有效升华。此外也没有形成整体的宣传格局，主流媒体和大众媒体之间存在壁垒，缺乏一种呼应和整体氛围的营造，一定程度上降低了宣传效果。

可能的改进措施是：建立对全国道德模范自上而下的大宣传格局，中央媒体把握整体方向，各层次地方媒体结合自身实际和特点开展更有突出性和针对性的报道，在对道德模范进行全方位还原报道的基础上，注重把握其道德思想与社会主义核心价值观的关联，对中华优秀传统文化的继承与发扬，凝练中国特色，争取打造中国的道德符号和品牌；发挥主流媒体与大众媒体之间的互动、补充作用，尤其要利用大众媒体接近百姓生活的特点，拓展道德模范与大众直接接触的路径；重视网络媒体在宣传道德模范过程中的重要作用，加强全国道德模范微信平台建设，既要传播先进道德思想，又要及时关注大众关切并有效回应，在互动中加强传播的粘合力和渗透力。

最后，从作用发挥及考核来看，该活动选树的道德模范及其提名奖获得者的数量越来越多，但是在全国范围内有长久影响力的，能够成为雷锋一样的道德符号影响一代人甚至几代人，产生国际效应的突出典型不多。此外，对于该活动的作用考核缺乏一个第三方评价机制，对于政府每年投入的大量人力、物力、财力的投入产出效益没有一个衡量标准，致使活动缺乏内部更新完善的动力和压力。

可能的改进措施是：首先要系统梳理六届活动评选出来的道德模范基本情况，对他们的发展和变化进行持续的关注，尤其要注意挖掘那些具有更长、更广泛影响力的模范及其事迹，及时提炼升华其核心价值；加强对相关资源的统筹运用，形成对“模范中的模范”宣传推介的整体合力；构建科学合理的道德模范功能评价体系，可能的情况下引进第三方考核评价机构，对近几年的活动效果做出一个评估，查找细节问题，把握整体方向；加强对国内外相关活动的学习和借鉴，推动自身创新改革，获得持续的发展动力。

5 充分发挥道德模范社会功能的实践升华

道德模范对于社会文明发展意义重大，是推动新时代中国特色社会主义事业发展的重要道德因素和精神力量。道德模范社会功能发挥是一个系统的工程，通过历史的梳理可以为我们提供借鉴，通过当下的审视能够让我们准确地发现问题并解决问题，而要将所有一切落实到实践层面，实现道德模范社会功能的实践升华，必须要以改革创新的勇气，以社会符号学、传播学、思想政治教育学等多学科的视角，广泛调动社会各个方面资源力量，汇聚推动社会道德建设的整体合力。

5.1 打造体现国民道德素质和时代需求的道德模范形成体系

新中国成立以来选树的各级各类道德模范大都是在具象的层

面，依托于一定的社会环境，有详细的道德事迹、突出的道德品格，但是不同模范之间的事迹与品格具有极高的相似度，对其价值的提炼也没有超越其所处的时代，没有深入挖掘其文化内涵，缺乏文化个性，没有打造出超越社会与时代、对社会大众产生持久影响力的道德符号。因此，我们有必要借鉴社会符号学等相关理论，深入挖掘、提炼中国道德模范的符号意义和多重价值，最终形成具有中国特色的道德符号和品牌，对社会道德建设、对大众道德追求产生更持久更深远的影响力，并在世界层面进行中国道德文化建设的传播与交流。

5.1.1 社会符号学概述

社会符号学（Social Semiotics）是一种产生于西方、对人类社会生活各个方面具有极大概括性并产生深远影响的交叉学科，它从社会学科的角度重新定义了符号并着力于探究符号与人类及社会的关系。最早被中国学者熟知的符号学理论是瑞士著名语言学家费尔迪南·德·索绪尔的语言符号理论，他的二元符号观即用能指和所指、共时和历时、组合和聚合的概念揭示了语言符号的系统性特点。符号的能指和所指并非实体性的一一对应，而是存在任意性的特点。不过，索绪尔对符号的研究只是着眼于语言内部，尽管他曾说过“要彻底了解语言符号的作用，必须离开个人行为，走向社会事实”①，但是索绪尔并没有从语言外部的世界对语言符号作进一步的阐释，因而从20世纪90年代开始，一大批学者开始研究符号的超语言性，即在大的社会语境下解析符号的特点及意义。与索绪尔的符号观不同的是，他们发现了符号的多义性、非体系性和未完成性，其中苏联著名文艺学家、文艺理论家巴赫金的社会符号学理论逐渐被人们接受。② 巴赫金认为，研究符号必须结合社会环境。首先，包括语言符号在内的所有意识形态的符号，在社会交际过程中实现时，都由其所处时代的社会氛围和社会团体决定；其次，理解符号必须结合符号实现的社会环境；第三，符号产生于社会环境，而不是个体的意识中。它是众多单个意识相互作用的产物，是社会集体的共同认知模式之一。因此，对符号的研究必须从其本质出发，与社会相结合。③

英国当代语言学权威韩礼德（M. A. K. Halliday）在其专著《语言的社会符号性》（Language as Social Semiotic，1978）中指出了语言的社会符号性问题。他明确指出，社会现实（或文化）本身是意义的大厦；语言只是组成这个意义大厦的符号系统之一，它与其他符号系统的差别就在于它本身是一个编码系统，可以用于解释许多（虽然不是全部）其他符号系统；而且，解释语言必须在社会文化语境（sociocultural context）中进行。后来，韩礼德的弟子美国学

---

① ［瑞士］费尔迪南·德·索绪尔．普通语言学教程［M］．高名凯，译．北京：商务印书馆，2001.

② 刘燕霞．从社会符号学角度解析“小鲜肉”背后的审美趋势［J］．长春师范大学学报，2015（11）：83.

③ 佟颖．社会符号学理论溯源［J］．外语学刊，2010（06）：143.

者冈瑟·克雷斯（Gunther Kress）则更进一步地发展了他的学说。在其1988年出版的专著《社会符号学》（Social Semiotics）中，克雷斯指出，语言具有强烈的社会符号性，分析和解释语言不仅仅应从文本和语言结构出发，还应该从社会结构和社会过程、信息和意义出发，这便是社会符号学分析语言的观点。另外，社会符号学还强调，人类历史任何时期的一切人类社会所使用的任何符号形式、符号文本和符号实践均具有意义；除语言符号本身具有意义之外，由语言符号构建的文体、语境、语域等均有意义；非语言符号如体态语（kinesics）（包括手势、姿势、面部表情和眼睛活动等）、辅助语言（paralanguage）（比如音质、语调、假嗓音等）、环境空间（proxemics）（即个人和社会对空间的利用以及人们对这种利用的感知）、衣着服饰等等，所有这一切也都具有意义。总之，我们这个世界充满了符号，作为组成社会现实的符号系统之一的语言与语境、与文化、与社会紧密相联，不可分割。①

英国学者特伦斯·霍克斯进一步发展了符号学的相关研究，他认为“任何事物只要它独立存在，并和另一事物有联系，而且可以被‘解释’，那么它的功能就是符号。”② 符号及其相关要素主要体现为三个特征：一是代表事物的形式，二是被符号指涉的对象，三是对符号的意义解释，也可以说成媒介关联物、对象关联物和解释关联物。该定义说明：第一，符号是在一定的指代和表述关系中产

---

① 李明．社会符号学的历史渊源及其翻译原则［J］．上海科技翻译，1997（04）：6－7.

② ［英］特伦斯·霍克斯．结构主义与符号学［M］．瞿铁鹏，译．上海：上海译文出版社，1987：132.

生的；第二，符号可以在形式上独立存在；第三，人们以符号为介质从事信息传播，其目的是达到意义的交流和互动，而这种交流互动只有通过传受双方的对符号意义的“解释”才能够获得。在传播过程中，传播者通过符号化活动来“建构”意义，而受传者则通过符号解读来理解意义。可以说，符号是信息意义的外在形式或物化载体，是事物表述和传播中不可缺少的一种基本要素，其功能便是携带和传达意义。声音语言是人类掌握的第一套完整的听觉符号体系，文字是人类创造的第一套完整的视觉符号体系，文字是声音语言的再现和延伸，所以我们也可以将它们并称为语言符号体系。语言是人类传播的基本符号体系，但并不是唯一的体系。动作、表情、体态、音声、图形、图片、影像等，同样是信息的重要载体，都可以起到符号的作用。①

综上，社会符号学中的“符号”与人们的一般认知不同，它是一种依托具体社会环境和背景、具有深层次的文化属性、体现多种社会价值的特殊存在。道德模范具有鲜明的社会性和阶级性的特征，作为一种社会符号，其也具有自身的符号属性和独特的社会价值。

5.1.2 道德模范的符号属性与社会价值

道德模范作为诠释中国传统文化道德精神、融聚当代主流意识

① 肖畅．审美符号传播研究［D］．湖北：武汉理工大学，2003.

形态道德追求、体现社会文明进步的重要符号载体，是社会环境、文化传统、时代理念的集中体现，已经成为一种独具特色的社会符号。基于此，社会符号学视域下的道德模范关照就是把其作为跨文化意义的社会交际活动载体，研究其多种社会符号属性，以及发挥作用的具体社会环境和条件，为深入认识道德模范社会功能并有效地发挥其作用提供新的理论视角。

国家符号——政治价值，道德模范本身并不具有政治价值，它的政治价值是通过政府的认可和宣传而衍生出来的。当前的道德模范评选表彰活动是表达国家意识形态、社会核心价值和公民道德追求的强有力的媒介，而道德模范本身则是整合三者力量的重要符号载体，使其与社会互动产生了不可低估的政治价值。道德模范凸显国家主流意识形态。从古至今，那些能够以道德人物、道德模范姿态出现在大众视野中的个体都是经过了当时政权的筛选和推广，体现着统治阶级的意志，维护统治阶级的秩序，具有鲜明的主流意识形态。尤其是在当代，道德模范从评选到宣传到后期保障无不是在国家机器的高效全面运作下得以实现，以统治阶级的道德主张作为传播的核心和重点，是一个国家主流意识形态的具体表现。道德模范凝聚社会核心价值。社会主义核心价值观结合时代发展新特点，将公民个人的道德规范概括为国家、社会、个人三个层面，为公民在社会公德、职业道德、家庭美德、个人品德等方面提供了基本的规范遵循。道德模范以其朴实、平凡的人生故事，将社会主义核心价值观加以形象化、具象化，便于让每个人了解、明白、认同，从而用其约束自己的日常行为，并将其作为处理人与人、人与事、人与社会、人与环境之间关系的信条。道德模范体现社会道德追求。道德模范在现代传播媒介的传播下向人们提供有关道德的知识和修养的方法，使得人们能够自觉地接受道德模范的表率形象，而人们则会在自己的思想品德形成、发展过程中，自发的依据一定的社会道德标准和道德方式，完成自我的修养过程，形成一种社会的共性的道德追求。一些爱岗敬业模范，尤其是一些拥有公共服务身份的公务人员，其作为国家符号凸显政治价值的作用更为明显，比如雷锋、焦裕禄、孔繁森等。

身份符号——社会价值，对于那些品德高尚的人来说，他们不但能通过自身的善言善行为社会的和谐发展做出影响和贡献，同时也会因其“道德人物”“道德模范”的身份符号获得极大的社会认可和社会价值。从古至今对官员的选拔都讲究“德才兼备、以德为先”，尤其在古代品德高尚的人可以直接入仕为官。在当代社会，随着物质文明的不断进步，道德模范作为一种身份符号，其社会价值日益凸显。道德模范是一种社会认可和保障。以全国道德模范评选表彰活动为例，所有具备道德模范身份的人都可以享受“关爱道德模范”制度的规定，其内容包括：一是礼遇道德模范制度——在就业、升学、出行等方面受到照顾和优待。二是帮扶生活困难制度——在生活状况、生活之忧时得到帮助。三是彰显社会地位制度——出席国家和社会的重要节日庆典活动，彰显崇高社会地位。其中，关爱道德模范制度是以往国家和社会制度中所没有的。它的制定对中国社会产生了积极正面而深刻的影响，为全社会树立好人有好报的社会价值导向。道德模范带来的社会信任度可引申出一定经济价值。道德模范本身并不具备经济价值，社会对其的认可更多还是精神上的，但是因为道德模范本身所带有的诚实、守信、敬业、奉献的属性，能够为其带来更多的无形的价值，使其在一定的经济活动中产生额外的便利和价值。从更宏观的角度，市场经济背景下，市场交易的顺利进行既需要法治力量的制约又需要道德力量的约束。著名经济学家亚当·斯密在《道德情操论》中说过："自爱、自律、劳动习惯、诚实、公平、正义感、勇气、谦逊、公共精神以及公共道德规范等，所有这些都是人们在前往市场之前就必须拥有的。"这说明，市场经济的前提必须是讲道德的，在一定程度上甚至可以说，市场经济就是道德经济。① 社会主义市场经济要健康运行必须加强道德建设。评选道德模范活动就是加强道德建设的重要举措，每一个被评选的道德模范都为社会主义市场经济健康运行提供道德的示范与榜样。例如诚实守信道德模范的评选，就是从正面引导人们自觉遵守社会主义诚信道德规范，自觉维护社会主义市场秩序，正确处理各种利益关系，从而为社会主义市场经济的健康运行提供有力的道德示范。

榜样符号——教育价值，道德模范作为一种榜样符号，其教育价值体现在三个方面。一是在榜样符号的塑造过程中，也即道德模范的推选和宣传中，通过评选表彰活动的各个环节对公民进行道德教育，是推进公民道德建设的有效途径，是发挥道德模范社会功能的重要内容。无论是"全国道德模范"还是"感动中国人物"等，

① 覃正爱．道德模范的内涵、特征及意义［J］．理论视野，2016（04）：41－43.

任何一个道德模范的产生和推介都是一个全员参与、充分动员的过程，其中蕴涵的教育价值是无可置疑的。事实上，道德模范作为各种道德人物评选结果的符号载体，它的产生过程其实就是道德精神的体现。二是道德模范自身作为行为示范的榜样，所具有的极高的教育价值。无论是助人为乐、见义勇为、诚实守信、敬业奉献还是孝老爱亲，都体现了社会大众对于个人品德修养的美好追求，教育我们在生活中要不断地向榜样看齐，规范、约束自己的言行，不断提升自己的道德修养和社会追求，而道德模范正是表达这些精神和追求的榜样符号，使得教育成为其核心价值。三是各种道德模范整体的品牌效应，能够形成一种在整个社会崇尚道德的风气和导向，对大众具有极高的教育意义。让人们身边看得见、摸得着、学得到的“平民英雄”脱颖而出，使每个人都能够了解这些道德模范并且学习他们的先进事迹，提升自己的道德素质和道德品性，将一般的道德要求化为切实的具体行动，经过不断的努力，最终成为一个品德高尚的人。

历史符号——文化价值，道德模范从表面上看只是对个人道德修养证明的一种符号，但是在时间的坐标轴下，通过对不同时代道德模范的历史审视，发掘其历史符号的特征，能够发现其中凝聚了诸多的文化价值因素。一方面，很多道德模范因其高尚的道德修养和言行超越其所在的时代，成为标记一段历史的符号，彰显出独特的文化价值。当我们提到古代的孔子、孟子等历史人物，首先想到的是他们是中国传统文化的代表人物，其影响跨越几千年并延续至今，而对其影响进行支撑的很重要的一部分就是他们高尚的道德言行及思想，比如孔子所说的“上善若水，水善利万物而不争”，孟子的“民为贵、君为轻、社稷次之”的思想等，可以说，这些古代的道德人物是传统文化的集大成者，是传统文化的价值高峰。当代的道德模范同样具有历史符号的文化价值。“铁人”王进喜代表的是在艰难困苦的历史时期，中国人民自力更生、拼搏奋斗、爱岗敬业的文化表达；雷锋同志坚定不移的“为人民服务”，其影响同样是跨越了历史与时代，成为社会主义先进文化的重要组成部分。另一方面，在历史的视野下，无论是古代的道德人物还是当今的道德模范都有具体的道德言行和思想，将他们的思想言行进行串联对比分析，提炼出的则是中华民族优秀传统文化中的道德追求和表达，是历史中的宝贵文化财富。

美学符号——艺术价值，真善美从来都是一个统一体，道德模范高尚的道德情操、言行和追求充分显示了人性之美、社会之善，成为一种美学符号，而对于道德模范的真诚讴歌和赞美也使其具有了极高的艺术价值。一方面，艺术来自生活，道德模范的道德事迹为艺术创作提供了原型和基础。无论是《张思德》《离开雷锋的日子》等影视作品，还是《郭明义》等话剧作品，无不是以道德模范作为原型进行的创作，有深厚的生活基础和丰富的情感张力；另一方面，艺术创作进一步升华了道德模范的崇高精神和现实引导意义。通过艺术化的创作，道德模范的道德品行得到了集中的艺术性的展现，从而给受众带来更大的冲击力和感染力。此外，艺术创作可以进一步走进道德模范的内心，通过内心独白等艺术方式展现模范成长的心路历程，让模范的符号形象更加真实，获得更多老百姓的认可。艺术化的创作手段还能打破时空的限制，将不同时代的道德模范进行艺术的衔接和串联，可以从更宽广的时空坐标下展示中国道德模范悠久的历史传统以及不同的时代风貌，既满足人们的道德精神需求，又满足人们的审美需求。

5.1.3 道德符号案例解析：雷锋

雷锋生前为中国人民解放军的一名普通战士，但是因为“在平凡的岗位上做出了不平凡的事”而被人民和历史铭记，“雷锋精神”所蕴含的人民至上、忘我奉献的理念内涵更是成为中华民族道德追求的集中体现，打动、鼓舞着一代又一代的中国人，并在世界范围产生深远影响，最终成为代表中国的道德符号。

1. 雷锋作为道德符号的形成

中国历史上的道德人物和道德模范众多，但是能够超越个体形象和价值升华为跨越时代、得到整个社会认可的道德符号的还是少数，雷锋能够实现这种跨越首先是因为他本人过硬的道德事迹。雷锋生于1940年，原名雷正兴，湖南长沙人，很小就成了孤儿，是党和政府的关怀、广大群众的照顾让其长大成人，这也让他自然地合理地生发出对党无比忠诚、对人民群众无比热爱之情，成为其后来一切道德实践活动的原动力。在小学时期他就争当先进，毕业后先后到县委、农场参加工作，工作中任劳任怨、乐于助人。1960年1月8日，雷锋积极响应党和政府号召参军入伍，成为一名中国人民解放军战士，获得了更大的为国家、为社会、为人民服务的平台，抢险救灾、带病工作，无私捐款、帮助他人，直到他在 1962 年 3 月 5 日意外去世。纵观雷锋的一生是短暂的一生、平凡的一生，其本人既没有显赫背景、高官厚位，也没有惊天动地的不凡事迹，但是雷锋来自人民，是人民的"孩子"，"孩子"对"人民父母"的关爱是最真挚也最能打动人心的。多次向灾区向困难群众捐款、在暴雨中送群众回家、帮助老人寻找亲人、帮助战友读书识字、义务参加社会劳动等等小事构成了雷锋奉献的一生、纯粹的一生、永恒的一生，使其成为社会主义道德的一把尺子、一面镜子，成为社会大众学习效仿的道德榜样和符号。

雷锋成为道德符号更是得益于"雷锋精神"的有效提炼和永恒价值。雷锋本身就是一个具有丰富精神世界、明确道德追求的人，而且善于用文字表达，无论是其发表在相关报纸上的署名文章，还是后来结集出版的《雷锋日记》，都是雷锋全心全意为人民服务思想的集中展示。尤其是 1960 年 12 月 1 日首发在原沈阳军区《前进报》(1958 年 8 月 30 日 -1960 年 11 月 15 日，共 15 篇)、1963 年 4 月由解放军文艺出版社正式出版的《雷锋日记》（总政宣传部审查，共 121 篇)，在真实还原雷锋所做好人好事的同时，也直接展示了雷锋的精神世界和崇高追求：人的生命是有限的，可是为人民服务的事业是无限的，我要把有限的生命，投入到无限的为人民服务中去……雷锋的这种道德认知和价值设定直接超越了个体的层面，真正做到"把一滴水投入了大海"，将个人完全融入了群众，既实现了个人道德境界的升华，又契合了国家的主流意识形态，为"雷锋精神"的最终形成打下了坚实的基础。1963 年 2 月 22 日，毛泽东同志在题写了“向雷锋同志学习”的题词，随后周恩来、刘少奇等党和国家领导人纷纷为他题词，以“全心全意为人民服务”为核心的雷锋精神正式得以确立，并随着时代的发展不断得到新的阐释，获得了恒久的精神价值。2014 年 3 月，习近平同志在接见某工兵团“雷锋连”指导员谢正谊时说：“雷锋精神是永恒的，是社会主义核心价值观的生动体现”①。

雷锋成为道德符号还有赖于社会各界的持续关注和高度认可。雷锋因为其毫不利己、专门利人的突出事迹以及明确的道德追求深深打动了各层各界人士，受到了广泛的社会关注和肯定。首先，历届党和国家领导人高度重视雷锋及雷锋精神在构建社会核心价值、推动社会和谐发展中的重要作用，并率先垂范为广大人民群众做出榜样。其次，广大媒体在雷锋精神的塑造和传播中发挥了重要作用。在雷锋生前其事迹和日记的部分内容就已经见诸部分地方和部队的报纸刊物，引起广泛的社会反响。1963 年 2 月，《人民日报》《解放军报》《中国青年报》等中央和解放军的主要媒体报道了雷锋的事迹并摘发部分雷锋日记内容，《解放军报》还连续发了《像雷锋那样做毛主席的好战士》等三篇社论，引起了全国范围内对雷锋的关注和学习热潮。1962 年 3 月 5 日，毛泽东同志题写的“向雷锋同志学习”也被刊发在《人民日报》，后来这一天被确定为全国的“学雷锋日”。最后，社会各界开展的各种“学雷锋”活动将雷锋精神全面深入的融入了群众的日常生活之中。中国人民解放军原

① 雷锋精神是永恒的［EB/OL］. 人民网，2014－03－14 http：//politics. people. com. cn/n/2014/0314/c70731 24635995. html.

总政治部、共青团中央先后作出向雷锋同志学习的决定通知，各种“雷锋标兵”“雷锋少年”“雷锋连”等荣誉表彰在广大部队、学校、工厂、机关等出现，成为激励人们积极助人、投入工作的精神指引和力量，也使得雷锋精神融入了社会生活的方方面面，成为一种符号式的存在。

2. 雷锋作为道德符号遇到的挑战与应对

随着时代的发展、国内外形势的复杂变化，雷锋及其精神、雷锋作为道德符号的地位也受到了一些挑战，其中既有市场经济、网络时代背景下少数群众对其意义的疑惑和消解，也有极端情况下的抹黑和否定。面对这些挑战，党和政府带领广大人民给予了有效回应，捍卫了雷锋的道德符号价值。

首先，部分“学雷锋”活动口号化、形式主义倾向对雷锋作为道德符号的实践价值进行了消解。经过多年的宣传和培育以及社会各界的努力，“学雷锋”相关活动已经渗透于各个行业、各个群体的日常生活中，但是部分活动在举办的过程中存在口号化、形式主义的倾向，比如热衷于搞演讲、征文活动，缺乏与生活实践、工作实践的有效结合；还有大量活动集中在每年3月5号的“雷锋日”前后举办，给人带来一种目不暇接的视觉疲劳感，却忽视日常的教育建设，让人生发出“雷锋三月来了四月就走”的感慨，严重消解了雷锋精神在实践中的重要意义和价值。为了解决这个问题，在开展“学雷锋”系列活动时必须在“常”与“实”上下功夫。其中，“常”就是说传播雷锋精神、学习雷锋活动要重视“平常”、实现“经常”，实现与日常生活实践的持久的结合，产生更长远的效力；

"实"就是要结合"实际"、追求"实效",在生活中、工作中树立雷锋标兵和典型,并发挥他们的引导和带动作用,让更多的群众能够以雷锋精神为目标,努力工作、无私奉献,推动社会和谐建设。

其次,市场经济、网络时代下的个人主义、虚无主义对雷锋作为道德符号的精神内涵带来了冲击。在市场经济体制下,人们更加追求工作的速度和效率,雷锋精神所涵盖的集体主义、奉献精神受到了冲击和质疑,而网络时代造成的个人主义、虚无主义倾向,进一步消解了雷锋作为道德符号的精神内涵和道德追求。曾经有很多人感慨"雷锋过时了",其思想追求已不能适应当前的时代变化和人们的生活实际,其道德行为也不符合当前人们的价值判断,陡然之间雷锋就与当下的时代与社会脱节。在这样的情况下,一方面我们需要坚决抵制个人主义、虚无主义的思想倾向,另一方面必须结合时代发展需求和个体认知特点对雷锋精神进行新的挖掘和阐释,使其与时代和社会发展同步,体现出跨越时代的思想效力,强化个人只有融入集体和社会才能实现持续发展,思想上的虚无必然导致个人的迷茫。我们看到,很多学雷锋、树榜样的活动中都在进行这方面的努力和尝试,一些模范榜样被授予"新时代的雷锋"称号,体现出了时代的眼光和视野。

最后,部分敌对势力和个体对雷锋事迹及其精神的直接否定影响雷锋作为道德符号的公信力。经过多年的思想宣传和文化建设,雷锋精神已经成为渗入百姓内心和日常的道德符号,但是也要看到,一些敌对势力及其个人利用网络等平台散播一些歪曲甚至直接抹黑雷锋事迹、否定雷锋精神的言论。网络并非法外之地,对于这些行为我们必须加以制止，对一些歪曲的事实要加以澄清，对相关机构和个人要加以制裁惩处。2014 年，网上出现了一篇名叫《你怀疑过雷锋的真实性吗?》的文章，认为有关雷锋先进事迹的报道中提到他曾经给许多群众和机构捐款，但是捐款额度大大超过了他的收入，因此这些先进事迹存在虚构的成分，并以此攻击雷锋只是一个宣传虚构出来的道德标杆，意图消解雷锋在人民心中的形象和地位。针对这些内容，人民日报、中国军网等媒体都义正词严的进行了驳斥，重申“英雄不能诋毁”，一些发布不良言论的个人也受到了制裁。

3. 雷锋成为道德符号给我们的启示

雷锋能够成长为代表中华民族道德风貌、引领社会大众向上向善并积极投入社会建设的道德符号，既是其个人道德追求的纯粹、道德事迹的生动感人迎合了社会大众的需求、时代发展的需要，也是包括政府在内的社会各方力量认真培育、细心呵护的结果。作为社会道德建设的宝贵财富，我们要不断结合时代发展需求拓展其内涵，丰富其内容，使其符号的特性更加明晰、作用发挥更加充分，成为指引人心的道德力量。

5.1.4 打造政府主导、社会构建、大众参与的道德模范形成体系

打造道德模范社会符号意义重大，将个体的道德模范提升为代表国家道德标准、体现社会道德水准、获得大众道德认可的道德符

号是一个长期的系统的工程，需要党和政府的综合考量和全面保障、社会各方资源的精准发力以及社会大众的广泛参与和配合。具体来说包括：

1. 政府要成为打造道德模范社会符号的主要推动者

新中国成立以来，各层面评选出的各种道德模范不在少数，但是能够成为道德符号，对社会道德建设、公民道德水平提升产生恒久的影响力，甚至作为中华优秀传统道德文化的集中体现与世界道德文化体系进行对话和交流的却非常之少。道德模范的时代性、阶级性以及极强的政治属性决定了道德符号的打造必须充分发挥政府的主导作用。

第一，打造道德模范社会符号，必须将社会主义先进文化的价值取向和道德追求凝聚于道德模范之上，使其具有历史的传承、底蕴和穿透力。习近平同志指出，社会主义先进文化包括中华优秀传统文化、革命文化以及中国特色社会主义文化三部分，是一个历史的有机统一体。道德模范要摆脱其社会功能的历史局限性，必须汲取三种文化的营养，增强文化属性，以文化的形态长久的存在于社会历史变换的过程之中、世界文化交流融合的大潮之中，不断强化其影响力，更好发挥其社会功能。因此，政府应该组织相关文化部门和专业力量，深入挖掘道德模范的文化属性和文化意蕴，将道德模范的宣传更紧密地融入社会主义先进文化的建设中去，构建“中华道德”“中国模范”的概念体系，向世界传播，与世界对话。

第二，打造道德模范社会符号，必须将新时代中国特色社会主义建设需求构建其中，使其成为时代进步的代言者、社会发展的推动者、道德风尚的体现者。道德模范社会功能的发挥不可能脱离他的时代，只有融于时代需求才能将其社会价值最大化，在推动社会发展的实践中才能获得更多的社会认知和认可。政府选树道德模范，打造道德模范社会符号，要在迎合大众认知的基础上凸显时代需求，在一般中寻求特殊，选取最能代表时代特点的领域和行业中的代表人物，使其成为时代的道德代言人，成为大众的道德典范，更加凸显其符号价值和意义。

第三，打造道德模范社会符号，必须实现各级政府相关部门对道德模范全过程、全领域的关注和领导。道德模范要成为社会道德符号，必须有扎实的道德事迹和精神追求做基础，因此在道德模范的选树阶段，各级政府作为主体要切实发挥好“把关”作用，既对其事迹的真实性把关，也要对其体现的道德思想的先进性、时代性把关，真正推荐出事迹过硬、思想先进，具有广泛群众基础和深厚文化底蕴以及先进思想道德的模范人物；道德模范要成为社会符号，还需要不断地给与培育和推广，政府要统筹多种资源为道德模范扩大社会影响、发挥社会作用提供平台和帮助，让模范与大众进行广泛的充分的沟通交流，让模范的道德理念和价值追求得到鲜明的提炼和表达，形成精神的互动并得到认可；道德模范要成为社会符号，还需要得到关爱和保护，需要政府建立健全保障模范生活的体制机制，营造礼遇模范、尊重模范的社会氛围，及时制止和惩治侵害模范个人合法权益、抹黑模范符号意义和价值的行为。

2. 社会各方力量要成为打造道德模范社会符号的重要推动力量

如果说政府通过规范化的程序选树道德模范是将模范个体升华

为道德符号的前提和基础，那么社会各方资源的汇聚就是培育道德符号的温床。对于选树的众多道德模范来说，需要以时代特色和社会需求进行关于其代表性的“二次筛选”，在相关宣传、推介、保障中不再均衡发力，而是突出重点，资源汇聚，使部分模范的典型性不断被强化突出，其所蕴含的文化价值不断被深化挖掘，其所代表的道德理念和精神追求不断被接纳认可并广泛传播，最终成为中国道德价值追求和社会道德水平的符号代表。

一是要调动社会各方力量，挖掘模范多重符号意义，搭建大众与道德模范的精神交流平台、价值熔铸体系。对于大众来说，道德模范及其事迹还是“他人”的范畴，要想将其内化为个体自身的道德认知和价值追求，需要充分挖掘模范的多重符合意义，搭建不同社会环境平台，实现模范与大众、精神与价值的顺畅的对接和交流。要充分挖掘模范作为美学符号的艺术价值，搭建艺术交流平台，通过小说、诗歌、话剧、影视等文学艺术的演绎，将模范的道德品质和精神追求艺术化、典型化，变僵硬的道德说教为精神的互动沟通，培养大众对模范的道德认知和价值认可；要通过文章论证、选题研究，举办有关道德模范、社会功能、公民道德建设等主题的学术论坛和讲座，搭建学术研究平台，尤其要在新时代中国社会道德体系建设背景下论证道德模范新的内涵及作用发挥机制，有效指导实践；积极探索实践利用 VR 等新技术进行道德模范传播的可能，打破时间、距离的限制，在对道德模范事迹仿生还原的过程中，实现大众与模范的精神交流和价值互动，赋予其更生动的符号品格。

二是要调动社会各方力量，多层次多角度强化模范符号意义，将道德模范的精神和价值追求熔铸于日常的生活场景之中。要实现模范符号价值在社会生活中自然、生动地体现，发挥模范自身来自生活、服务生活、影响生活的积极作用，为模范在社会生产生活中发挥表率作用创造机会和平台，比如设置“模范示范岗”、建设“模范社区”、开通“模范热线”等活动，通过突出模范的符号意义和价值，将模范个体的有限作用融入无限的社会环境中去，产生更持久的影响效力；积极创造尊敬模范、关爱模范的社会环境氛围，在重大节日庆典、社会活动中体现对模范的关爱，在日常生活中体现对模范的关心和关怀，对家庭生活困难模范进行帮扶，在创业就业培训、税收政策、养老关怀等方面进行适度政策倾斜；积极支持有关道德模范的文化建设和创意产业，比如开办“道德银行”“爱心超市”等，鼓励以道德模范为中心进行创意周边产品设计，比如设计拥有模范标识的大头贴、钥匙链、手提袋等等，让模范融入人们社会生活的日常。

最后是要调动社会各方力量，在“长”与“常”上下功夫，形成构建模范道德符号体系的长效机制。模范道德符号的打造是一个长期的过程，不可能一蹴而就，同时又是一个涉及多环节的过程，需要持续发力，因此需要有长效的体制机制建设，以“功成不必在我”的心态，长期运作，常态化建设。要着力打造道德模范社会符号形成孵化基地，构建覆盖党政机关、社会企业、高等院校、社区农村的社会孕育体系，明确构建主体和职责分工；充分吸收社会各方资源的智识，打造一支多元化的特色鲜明的道德模范社会符号建设工作队伍，并计以量化、规范化的考核标准，以提高工作效率；要有着眼于长远的体制机制，突出日常，保证各项工作的顺利、有序推进。

3. 大众要成为道德模范社会符号的建设者、拥护者和推广者

习近平总书记指出，社会主义道德建设必须树立以人民为核心的理念。坚持道德建设为了人民、道德建设依靠人民、道德建设成果由人民共享。在推动道德模范向社会道德符号提升转换的过程中，也要充分发挥社会大众的积极作用，使其成为道德符号的建设者、拥护者和推广者。

社会大众要成为道德模范社会符号的创造者。无论是政府的构建、社会的培养，对于道德模范的社会符号地位和价值，最终要靠社会大众的接纳和认可来实现，因此人民应该成为模范道德符号的重要建设者。很多道德模范本身就是普通群众，他们立足自己平凡的生活环境、工作岗位，用崇高的道德追求和道德标准实现了普通生活的道德升华，这种厚植于日常生活的道德感染力，是道德符号形成的重要条件。对于一般大众来说，要进一步增强塑造道德模范社会符号的主体意识，主动参与各种道德模范选树和表彰活动，尊重模范，学习模范，在习近平新时代中国特色社会主义思想的指引下去理解、提炼道德模范所具有的时代价值和社会意义，使对模范的学习不再简单停留在行动的模仿，而是深化为思想意识的转变，使模范的社会功能不再限于一时、一事，而是有了超越具体时空、具体事项的符号化的意义。

社会大众要成为道德模范社会符号的拥护者。仓廪实而知礼

节，中国特色社会主义实践取得的伟大物质成就、社会建设的历史进步为道德模范社会符号构建提供了坚实的物质基础和社会保障，社会主义核心价值体系的构建与深入人心为道德模范社会符号构建提供了充分的精神基础和价值导向，社会大众应该充分发挥自己主人翁的意识，积极回应时代对道德模范社会符号的需求，成为其坚定的拥护者。社会大众要以模范为榜样自觉约束和规范自己的行为，提升自己的道德水平和追求，为模范符号作用的发挥提供现实注解；要自觉摒弃拜金主义、个人主义、虚无主义等错误思想，牢固树立社会主义道德观和核心价值取向，自觉同诋毁模范、攻击模范的行为作斗争，保护道德模范的符号意义不受侵害；要积极参与到道德模范的选树、表彰、宣传、研究等具体工作环节中，充分发挥自己的聪明才智，在实践中提炼凝结模范的符号意义。

社会大众要成为道德模范社会符号的推广者。道德模范社会符号地位的确立和认同体现在两个层面，一是在社会内部形成了广泛的共识，二是在不同国家、不同民族间的道德层面对话交流中获得认可。当前来看，在社会内部对道德符号的构建基本上有了一定的基础和机制保障，但是在国际上能代表中国传统道德文化内涵、体现当代国人道德风貌的道德符号式人物很少，在这一过程中，社会大众能够发挥重要作用。对道德符号的推广要与国家的大政方针政策保持同步，比如当前国家正在大力推动的“一带一路”建设等，是传播中国文化包括道德建设的重要平台；对道德模范的推广需要身体力行，尤其是现在到中国学习、旅游的外国人越来越多，走出国门外出求学、旅游的人也是越来越多，每个人都可能成为外国人理解中国公民道德水平的媒介，都是在发挥着道德符号的作用。

5.2　构建全面覆盖、典型突出、高度融合的道德模范传播体系

对道德模范事迹及其道德思想和追求的及时有效传播是发挥模范社会功能的重要条件。社会的发展、时代的进步、技术的完善为我们今天的传播体系构建带来了新的发展动力和基础。在和谐社会构建的背景下，很多传播媒体把重心下移，更加关注倾听、传播百姓声音，表达百姓心声，普通群众也成为传播的重要环节，而不再是单一的传播受众；网络技术的日益成熟普及，各种即时通信自媒体的广泛应用，使得信息的传播获得更加便利，也改变了原有的信息内容传播格局，其对于道德模范的相关传播及社会功能发挥也具有重要而深远的影响。

5.2.1　传播学的相关理论

“传播”一词古已有之，最早可见于唐代的《北史·突厥传》，其中有“传播天下，咸使知闻”的说法，以“传播”表示宣布、告知的意思。但是现代意义上的传播是一个起源于西方的概念，对应的是英文词汇“communication”，根据《不列颠百科全书》的解

释，其含义为“若干人或者一群人互相交换信息的行为”。在20世纪初，随着社会生产技术的发展，人们信息交流的日益频繁、便捷，“传播”开始进入学术研究的视野，一些核心概念、基本理论开始形成，逐渐形成一门学科。比如1909年，美国社会学家库利在《社会组织》中定义传播：“传播指的是人与人的关系赖以成立和发展的机制——包括一切精神象征及其在空间中得到传递，在时间上得到保存的手段。它包括表情、态度和动作、声调、语言、文章、印刷品、铁路、电报、电话以及人类征服空间和时间的其他任何最新成果。”① 此后，各方面的学者专家从不同角度切入对传播进行了定义及研究，仅在1976年，美国学者丹斯就在《人类传播功能》一书中统计了126种关于人类传播的定义。一般来说，传播的基本定义即社会信息的传递或社会信息系统的运行，它包括5个基本要素：信息源（传播者）、受传者、信息、媒介以及反馈。传播是一种信息共享活动，是在一定社会关系中进行的，又是一定社会关系的体现。从传播的社会关系性而言，它又是一种双向的社会互动行为，任何传播都是通过信息的授受和反馈展开的社会互动。传播成立的重要前提之一，是传受双方必须要有共通的意义空间。否则传而不通，导致误解。在广义上，共通的意义空间还包括人们大体一致或接近的生活经验和文化背景。传播是一种行为，是一种过程，也是一种系统。行为、过程、系统是人们解释传播时的三个

① 郭沛霖．从传播学角度探索增强大学生日常思想政治教育实效性研究［D］．山西：太原科技大学，2011.

常用概念，它们从不同角度概括了传播的另一些重要属性。① 当我们将传播理解为“行为”时，我们把社会传播看作以人为主体的活动，在此基础上考察人的传播行为与其他社会行为的关系；当我们把传播解释为“过程”的时候，着眼于传播的动态和运动机制，考察从信源到信宿的一系列环节和因素的相互作用和影响关系；当我们把传播视为“系统”的时候，我们是在更加综合的层面上考虑问题，这就是把社会传播看作一个复杂的“过程的集合体”，不但考察某种具体的传播过程，而且考察各种传播过程的相互作用及其所引起的总体发展变化。②

1. 传播的几种基本模式

随着社会生产水平的不断提高，以及人们借助相关技术手段实现的沟通方式和内容的不断拓展，传播的模式也体现出由单向至多向、由个体向多元的转变，具体来说，传播模式包括：

一是传播的“直线模式”，美国学者 H. 拉斯韦尔在《传播在社会中的结构和功能》中提出了传播的“5W”模式，提出构成传播过程的五种基本要素，也即 who、says what、in which channel、to whom、with what effect（谁，说了什么，通过什么渠道，向谁说，有什么效果），这个模式第一次将传播活动明确表述为由五个环节和要素构成的过程，为人们理解传播过程的结构和特性提供了具体的出发点，后来大众传播的五大领域：控制研究，内容分析，媒介

---

① 郭庆光．传播学教程［M］．北京：中国人民大学出版社，2011：5.

② 陈力丹，王亦高．论音乐传播［J］．山西大学学报（哲学社会科学版），2008（01）：125.

分析，受众分析和效果分析，就是沿着拉斯韦尔模式的思路形成的。但是这种对传播模式的“直线”描述也存在一些缺陷，不能完全覆盖现实社会传播的复杂性和多元性，属于单向直线模式，没有提供反馈渠道，没有揭示人类社会传播的双向和互动性质。①

二是传播的“香农—韦弗”模式，也即传播过程的数学模式，该模式将信息传播进行了技术分解，认为传播就是信源发出讯息，再由发射器将讯息转为可以传送的信号，经过传输，由接收器把接收到的信号还原为讯息，将之传递给信宿。这个过程中，讯息可能受到噪音的干扰，产生某些衰减或失真。在这一描述中导入了噪音的概念，表明了传播不是在封闭的真空中进行的，过程内外的各种障碍因素会形成对讯息的干扰。对一些技术和设备环节的分析，提高了传播学者对信息科技在传播过程中的作用的认识，为以文理结合的方法考察传播过程打下了基础，但是这种描述是对电子通信过程的还原，仍然是一个直线单向过程，缺少反馈环节。

三是奥斯古德和施拉姆的循环传播模式。在这种传播模式下没有传播者和受传者的概念，传播双方都作为传播行为的主体，模式重点不在于分析传播渠道中的各个环节，在于解析传播双方的角色功能，参加传播过程的每一方在不同阶段都依次扮演着译码者（执行接收和符号解读功能）、解释者（执行解释意义功能）和编码者（执行符号化和传达功能）的角色，并相互交替着这些角色。这种模式强调了社会传播的互动性，把传播双方都看作传播行为的主

① 郭庆光．传播学教程［M］．北京：中国人民大学出版社，2011：51－52.

体。但是其也存在一些缺陷，即把传播双方放在完全对等或平等的关系中，与现实情况不符；能够体现人际传播特别是面对面传播的特点，却不能适用于大众传播的过程。

四是德弗勒的互动过程模式。这种模式理论是在“香农—韦弗”模式的基础上发展而来，克服了前者单向直线的缺点，明确补充了反馈的要素、环节和渠道，使传播过程更符合人类传播互动的特点。它拓展了噪音的概念，认为噪音不仅对讯息而且对传达和反馈过程中的任何一个环节或要素都会发生影响。这个模式的适用范围也比较普遍，包括大众传播在内的各种类型的社会传播过程，都可以通过这个模式得到一定程度的说明，但这个模式也没有超出从过程本身或从过程内部来说明过程的范畴。

2. 传播的特点

第一，传播过程具有动态性。形式上体现为有意义的符号组合在特定渠道中的流动，实质上则是传播者与受传者的意义或精神内容的双向互动。

第二，传播过程具有序列性。传播过程中各环节和因素的作用各有先后次序，按照信息的流向依次执行功能。

第三，传播过程具有结构性。传播过程的结构即过程中各要素、各环节之间相互关系的总体。各环节或要素本身有各自的深层结构。

3. 传播的功能

关于传播的功能，不同学者有不同的表述。拉斯韦尔在《传播在社会中的结构与功能》里提出了“三功能说”，即环境监视功能、社会协调功能、社会遗产传承功能。赖特在《大众传播：功能的探讨》提出“四功能说”，包括环境监视——收集和传达信息的活动，警戒外来威胁，满足社会的常规性活动的信息需要；解释与规定——传达信息时伴随着对事件的解释，提示人们应该采取什么样的行为反应，目的是为了向特定方向引导和协调社会成员的行为；社会化功能——在传播知识、价值以及行为规范方面具有重要作用；提供娱乐——通过传播对人们的感官及内心进行愉悦的刺激和导向。施拉姆在《传播学概论》里将大众传播的社会功能概括为政治功能、经济功能和一般社会功能，该分类的重要贡献在于明确提出了传播的经济功能，这种经济功能不仅限于为其他产业提供信息服务，它本身就是知识产业的重要组成部分，在整个社会经济中占有重要地位。拉扎斯菲尔德和默顿《大众传播、通俗口味和有组织的社会行动》中进一步将传播的功能进行了总结：社会地位赋予功能。这种地位赋予功能，给大众传媒支持的事物带来一种正统化的效果；社会规范强制功能，主要来自它的公开性。传媒将偏离社会规范和公共道德的行为公开，造成强大的社会压力，从而强制遵守社会规范；作为负面功能的“麻醉作用”。人们过度沉溺于媒介提供的表层信息和通俗娱乐中，就会不知不觉地失去社会行动力，而满足于“被动的知识积累”。①

以上对于传播及其模式、特点、作用的论述，为我们从传播学的角度进一步发挥道德模范社会功能提供了有力的支撑和借鉴。

---

① 郭庆光. 传播学教程［M］. 北京：中国人民大学出版社，2011：103.

5.2.2　现代传播态势下的道德模范传播

信息化时代，传播由于新技术新理念的介入而产生了全方位的变化，传播主体、客体以及传播的媒介路径等都与以往有很大不同。现代传播态势下的道德模范传播也有了新的内涵和意义：

其一，从传播活动的基本构成要素来看，政府或相关组织是这一传播活动中的主要传播者，道德模范的原型就是主要的传播信息，采取的活动形式和依托媒介就是这一传播活动中的符号和媒介，大众则既是这一传播活动的主要受传者，同时也是相关信息的二次创造者和传播者。

其二，从行为过程来看，模范教育是一种传播活动。模范教育的过程就是教育者（传播者）将含有一定思想政治教育功效的事迹或人物（信息）通过一定的方式方法和载体（传播媒介）向受教育者（受众）进行传授的信息传播过程。既然模范教育是一种完整而特殊的传播现象，我们就可以从传播学的理论实践出发，借鉴并运用传播学的研究成果、研究方法对复杂、抽象的模范教育进行分析研究。

其三，在各种新媒介中，网络媒介凭借技术优势，集文字、数据、图像和声音于一体，打破了传统媒介以传者为中心的线型模式，给予用户最大的互动性，开创了用户和传播者之间进行交互性交流的传播方式，在总体上呈现出一种分散型的网状传播结构。

其四，在有网络等新媒介深入参与的传播过程中，并不存在一个固定的传播者的概念，传播者和受传者不仅完全处于平等的地位，而且可以角色互换，受传者可以成为信息的传播者，传播者也可以成为信息的接受者，甚至基于传播信息的特殊性（道德模范自身），使得传播对象也可能向传播者转化。

基于以上情况，充分发挥道德模范社会，必须着力于构建全面覆盖、典型突出、各方高度融合的道德模范传播体系。

5.2.3 经典案例：道德模范“郭明义”的传播体系构建

（一）“当代雷锋”郭明义的典型形象构建

郭明义是辽宁鞍山人，中共党员，1977 年参军入伍，从军期间因业务突出屡获嘉奖，并被评为师里的“学雷锋标兵”。1981 年退伍后回到鞍山钢铁集团齐大山铁矿工作，在三十多年的时间里，他不仅凭借着自己的刻苦钻研和无私奉献，在平凡的岗位上做出了一系列耀眼的工作业绩，更是将“雷锋精神”充分地落实到个人的社会生活之中，充分履行公民的社会义务和责任：无偿献血（19 年累计献血 6 万毫升，献血量是其身体血液的十倍）、捐资助学、帮扶工友。2002 年加入“中华骨髓库”，成为鞍山第一批捐献造血干细胞的志愿者，2008 年成立鞍山市第一支红十字志愿者服务队、急救队……

1. 郭明义典型形象的初步塑造。郭明义的爱岗敬业和助人义举很快就受到了其单位及其所在的鞍山市以及辽宁省的关注。2008 年

7月，其所在的齐大山铁矿做出了《关于开展向郭明义同志学习活动的决定》，很快鞍钢集团矿业公司、鞍钢集团、鞍山市委先后下发了向其学习的决定。2010年9月21日，中共辽宁省委授予郭明义同志“优秀共产党员”称号，《鞍山日报》《辽宁日报》等地方媒体对其事迹进行了大量篇幅的深入报道，郭明义作为“当代雷锋”的传播形象开始树立。

2. 郭明义典型形象的最终确立。2010年9月24日，中共中央组织部授予郭明义“全国优秀共产党员”称号；2011年2月14日，郭明义被评为2010年“感动中国”人物，同年被评为第三届全国道德模范；2012年3月被中央文明建设指导委员会授予“当代雷锋”荣誉称号……2013年3月，习近平总书记评价道：雷锋、郭明义、罗阳身上所具有的信念的力量、大爱的胸怀、忘我的精神、进取的锐气，正是我们民族精神的最好写照，他们都是我们“民族的脊梁”。①

与此同时，中央媒体开始对郭明义的典型事迹在全国范围内进行深入报道。2010年9月，《人民日报》以《新时期的道德模范—郭明义》为题，用近万字的篇幅详细报道了他的事迹，中央电视台《新闻联播》《焦点访谈》《面对面》等栏目先后对其事迹进行了集中的报道宣传，相关媒体迅速跟进，社会各方力量被充分动员起来，各种资源汇聚，掀起了在全国范围内学习郭明义的热潮，牢固确立了郭明义“当代雷锋”的典型形象。

---

① 习近平．雷锋、郭明义、罗阳是“民族的背梁”[EB/OL]．中国青年网，2013-03-07. http://news. youth. cn/gn/201303/t20130307_ 2946509. htm.

3. 郭明义典型形象的全面推广。在全国掀起的学习郭明义热潮影响下，从中央到地方的各级党政机关、各层次媒体平台、各种社会组织机构，以多种多样的方式对其典型形象进行进一步的全面推广。

首先，全面还原郭明义的光荣事迹，揭示其心路成长历程。除了人们熟知的郭明义爱岗敬业、无偿献血、捐资助学、乐于助人等突出事迹之外，很多媒体进一步延伸了报道的触角，将对郭明义的关注从“鞍钢时期”扩展到其学生时代、入伍期间，力求全面还原道德模范郭明义的心路成长历程，不但要进一步强化郭明义“做了什么”，还要深入剖析他“为什么这么做”，是怎样的成长环境和工作生活经历塑造了如此的模范典型。通过这种深度挖掘报道，人们发现郭明义的成长离不开良好社会环境的熏陶，郭明义读小学时恰逢全国开展轰轰烈烈的学雷锋活动，他学会的第一首歌就是《学习雷锋好榜样》，至今还保存着一部老版的《雷锋日记》；郭明义对雷锋精神的践行是一致的：在入伍期间就被评为过全师的“雷锋标兵”，工作后更是三次让出了分福利房的机会，为此还受到了家人的误解和埋怨……可以说，这些全面、充实、客观的深入报道，让郭明义的典型形象有了更为坚实的事实依据和情感基础，让老百姓对其光辉事迹更加信服和认可，为郭明义典型形象的塑造和推广打下了良好的群众基础，获得了更多的社会公信力。

其次，多种资源汇聚，打造全方位的典型事迹演绎和传播平台。郭明义“当代雷锋”、道德模范的形象被树立之后，各种传播资源被迅速调动起来，形成传播的合力进一步深化了其形象的典型性。文艺创作作为人心交汇、情感交融的传播方式被很快应用。2011 年，由著名作家高满堂编剧，知名演员侯勇（饰演郭明义）、姜宏波（饰演郭明义妻子）、冯远征、李沁等主演的电影《郭明义》全线上映，获得广泛社会关注，其主题曲《把幸福给你》由知名歌手尚雯婕演唱，生动诠释了郭明义“牺牲自我、幸福社会”的高尚情怀。除此之外，同名话剧《郭明义》、专题片《好人老郭》以及其他一些以郭明义事迹精神为主题的文艺作品也相继问世，真实还原模范事迹，直指人心道德力量，产生了深入的影响。网络成为宣传郭明义典型事迹的重要平台。中央文明网、东北新闻网先后开设郭明义专题负面或专门网站，宣传郭明义事迹，通过在线直播、视频访问等方式搭建模范郭明义与普通百姓的沟通交流平台，让模范走进百姓生活、走进人心。2011 年 3 月 25 日，郭明义的个人微博“鞍钢郭明义”正式在新浪微博开通，截至目前共有两千二百多万人关注，同时“鞍钢郭明义”的微信公众号也已经搭建。微博、微信平台的相继开通，进一步改进了模范与大众的沟通交流方式，让大众不再是被动的获得模范事迹信息，还能主动的通过与模范本人的交流、与其他关注网友的交流，进一步深化对模范精神的认识和理解，从单一学习者实现向拥护者、传播者的转变。

最后，与时俱进不断挖掘典型人物多方价值内涵，形成持续宣传效力。郭明义作为新时代的雷锋、作为全国道德模范蕴含着多方面的社会价值和意义，对应的在宣传推广的不同阶段有不同的侧重点，体现了鲜明的时代特色和社会需求。2018 年 11 月，在中国推行改革开放政策 40 周年之际，郭明义被选入“100 名改革开放杰出贡献对象”，同年被党中央、国务院授予“改革先锋”称号，颁授“改革先锋”奖章。郭明义所代表的新时代雷锋精神、社会奉献意识被打上了改革的烙印，被认为是助推改革开放的重要精神力量，获得了新的关注和精神认可。与此同时，自 2009 年发起的“郭明义爱心团队”又重新进入大众的关注视野，当前这个团队已经在全国范围内发展到了 1000 余支分队，180 多万名志愿者，做了大量的爱心志愿活动，被媒体称为在改革开放和市场经济条件下，“雷锋精神”依然就有强大生命力、示范力和感召力的最好注脚，获得了新的更高层面的传播价值。

（二）郭明义传播形象构建带给我们的启示

由于社会历史条件的限制和个人社会生活环境的特殊性，对于大众来说，模范的具体事迹不一定能够完全复制，但是典型模范具有的道德追求和精神品质却能够得到充分的继承和发扬。同样，对于郭明义典型传播形象的塑造是集合其个人事迹独特性、国家道德建设需求、社会发展需要、大众认知水平以及生产技术提升等多种因素共同造就的，具有个体事例的偶然性，但同时又具有历史发展的必然性。郭明义媒介传播的典型形象塑造，能给我们提供如下的启示：

首先，必须坚持从日常生产生活中挖掘典型。道德模范类的典型人物不可能从天而降，在其高大形象的背后是一个又一个具体事例的累积，媒体的相关宣传报道必须要将关注的点放在其成长为典型的最初阶段，以历史的眼光、时间的坐标进行真实故事的讲述和心路成长历程的还原，使得典型人物形象有浓郁的生活气息和扎实的生活基础，能够被广大群众产生心理认同和精神认可，能够接受历史和时代的考验。

其次，必须自上而下的推广典型。在当下的中国，道德模范典型人物形象的塑造和推广体现出了浓郁的国家意志和政府力量，因此对于典型人物形象的构建必须也要遵循自上而下的方式，通过中央层面的肯定，为典型宣传确定方向和思想价值内核，以及不同时期宣传重点的转化，地方各级政府及相关组织要根据中央的指示精神，发挥各自比较优势，将中央的要求具体化、丰富化、生动化，形成自上而下的道德模范典型人物传播体系。

最后，必须汇聚资源为典型的社会作用发挥提供平台。道德模范典型人物形象的塑造是一个持续的过程，必须随着实践的发展不断给典型人物提供新的社会功能发挥平台，使其与社会与大众产生持久的接触和相互交流，成为一种“常态化”的存在，渗入社会生产生活的方方面面，并在新的实践中发掘其不同的价值意义，增强塑造的典型人物形象的生命力和影响力。

5.2.4 网络时代的道德模范宣传定位与策略

网络时代，对于道德模范的宣传必须与互联网技术的应用普及紧密结合，利用其广泛覆盖、深层展示、多方互动、精准推送的特点，将互联网打造成道德模范传播、提升社会道德水平的主要战场和平台。

首先，要通过网络广泛覆盖的特点，扩大道德模范传播的范围。由于网络技术的不断提升，尤其是微信等手机网络平台的日益普及和技术完善，人们可以打破时空的限制，在碎片化的个人空间里便捷地获得各种信息，能够有效解决当前人们对道德模范相关活动参与和认知度低的问题。为此，一方面要加强道德模范主题的专门网站建设并加强宣传推广，尤其要利用好手机网络平台空间，通过建立微信公众号、设计专门的app小程序等，通过确立“量”的优势，为人们通过网络获得、参与各种道德模范活动提供平台基础；另外一方面要加强对相关网站、公众号的宣传推广，不能使其成为空架子、假把式，不能使其成为相关活动主办方的“自娱自乐”，而是要进入广大网民的视野，引发网民兴趣和关注。可行的办法包括：在主要门户网站醒目位置设置网页链接，通过明星、道德模范等社会人物进行代言宣传，通过微信朋友圈定点推送功能传播相关信息，通过设置有奖问答等方式提升点击率等，切实提升相关道德模范网站的活跃度和参与度，扩大传播范围。

其次，要利用网络技术优势对相关道德模范传播内容进行深层次地挖掘和构建，实现立体化的场景传播，提升传播内容的吸引力。积极探索通过文字、图画（照片）、声音（音乐）、画面（视频）、美术设计等多媒体技术手段在网络平台的综合运用，打造道德模范传播的个性化场景，深度还原模范的典型事迹，深入挖掘模范的内心世界，使得网民能够身临其境、心临其境，产生深深的代入感，从而更容易引发道德感触和情感共鸣。在这样的道德模范网络场景构建中，文字主要负责以时间的线性记述方式还原模范的成长历程，深挖其高尚道德行为和追求产生的生活根源和环境基础，构建网民对模范的基本认知；图画（照片）则可以将模范的感人瞬间、动人时刻进行真实记录，带给网民视觉上的冲击和震撼，也能够迎合当前“读图时代”背景下网民的阅读习惯；画面（视频）的应用则更加广泛，可以通过在网站嵌入相关影视、话剧作品等将道德模范的事迹进行艺术化的加工和演绎，使其更加生动，也可以通过镶嵌人物专访的方式，在与模范的对话中直接呈现模范的道德认知及其成长历程，实现与网民心灵的直接沟通对话；适当的背景音乐加入则会进一步营造广大网民获得信息、受到感化的良好氛围，净化人心。

再次，要充分发挥网络的多方互动特点，提升道德模范传播的有效性和丰富性。深层次的传播功效不仅是要网民获得信息，更重要的是体现在这些信息提升了网民的道德认知水平，影响了他们的道德实践。因此，必须充分发挥网络技术的互动优势，形成网民与模范、网民与网民之间的道德互动，深化传播的有效性。充分发挥微信、微博等的留言互动功能，使模范充分融入广大网民的日常生活，在一个个小而微的问题解答、沟通交流中实现道德理念的传播；可以通过在线访谈的形式，构建模范与网民面对面沟通交流的平台，回应网民的道德关切和问题。此外，在网络多方互动特点下，网民自身也可以实现由被传播者向传播者的转化，通过剪辑、编辑等技术手段，对模范的相关事迹内容进行二次加工和集中提炼，并在自己的微信、微博等平台传播传递，既加深了自身对道德模范的熟悉和认可，又丰富了道德模范传播的形式内容，提升了模范传播的综合效力。而且这种网民自发的传播往往更加迎合网络传播的特点，以较轻松的方式化解传统模范传播中的沉重感和模式化，更能够受到广大网民的接受和理解。

最后，充分利用网络传播日益精细化的特点，针对重点人群开展相关内容的精准推送。当前我国网民众多，但各自的生活环境、成长背景、社会认知以及道德理念参差不齐、形态各异，因此网络传播的一个趋势就是日益精细化，通过大数据分析等手段对网民进行不同类别、不同性质的细化分类，并通过精准推送内容的方式来迎合网民的需要，提升传播的有效性。在道德模范的网络传播过程中，也要对不同人群进行细化，分类施策：一方面，通过对网民日常获得信息的种类和数量的细致分析，对于经常浏览道德模范相关网站网页、微信平台的网民可以推送一些专门的深度的道德模范信息，帮助他们加深对模范的了解，更好践行模范理念；另一方面，对于道德模范相关信息关注不高的人群要结合其特点分类施策：对于广大青年学生来说，他们更乐于以简单、轻松的方式获得各种网络信息，因此对于他们的道德模范宣传方式不能是模板化的“填鸭”教学，而是要灵活多样，比如通过幕课的方式，启发式的开展道德教育，增强对学生的吸引力；对于广大上班族来说，往往工作压力较大，没有固定的时间去专门获取相关道德模范的信息，因此就要针对他们时间碎片化的特点，以漫画、短剧的方式寓教于乐，使得他们乐于接受；对于老年人来说，他们时间较充裕，同时要保留着对于戏剧、戏曲、影视文艺作品的喜好，因此可以向他们推送一些道德模范的主旋律艺术作品，既传递道德理念，又能丰富他们的老年生活。

5.2.5 构建全面覆盖、典型突出、高度融合的道德模范传播体系

构建系统、全面、科学的道德模范传播体系，是道德模范来自生活又反馈生活、完成实践—精神—实践的社会功能发挥流程的重要基础和条件。前述新形势下的信息传播主客体内涵的扩展延伸、技术的日益完备、使命的不断丰富，以及郭明义等新时代道德模范典型人物形象的成功塑造，结合我国当前社会道德建设的需求与实际，必须着力构建全面覆盖、典型突出、高度融合的道德模范传播体系。

道德模范的传播体系构建必须全面覆盖，主要体现在三个层面：一是传播主体的全面覆盖。要继续加强政府等官方组织机构在推动道德模范传播方面的重要作用，综合运用官方媒体等高端社会传播资源的权威性和普及性，把握好社会道德文化建设的方向和节奏；充分发挥社会组织在道德模范传播过程中的积极作用，利用其与大众社会生活更加贴近的优势，突出模范传播的深入性和有效性；高度重视公民个体的多重传播身份，积极探索完善网络、微信等新媒体传播平台下的道德模范个人传播平台的管理和引导方式，调动广大网民的积极性，使其从单一的模范传播受众转化为二次传播的创造者、模范道德精神的传播者和拥护者。二是传播内容的全面覆盖。一方面要对模范事迹及其成长历程进行客观全面的还原，增强模范传播的真实性，尤其要结合其所处的时代背景和社会环境

勾画其成长的心路历程，不回避个人生活中遇到的困惑与矛盾，重点阐释其在困惑中的觉悟与道德升华，面对个人与他人、个人与社会利益矛盾时的价值选择，给受传者以更深的代入感，使其“身临其境”“心临其境”，更好地体会和领悟模范人物的高尚精神和崇高品质；另一方面要注重发挥道德模范社会功能，也即要着力渲染在道德模范的引导、激励、教化下个体道德精神的进步以及社会整体道德水平的升华，“人皆可以成为尧舜”，增强社会大众对个体以及社会道德建设的信心。三是要实现传播时段的全覆盖。要彻底改变“雷锋同志三月来了四月走了”的现象，实现对道德模范传播的持续发力。要围绕“全国道德模范评选和表彰”“感动中国”等社会道德建设标志性活动的开展与表彰进行对道德模范的集中报道，同时又要把握好节奏，深入拓展传播内容，在有影响力的几次大的活动间隔持续发力，避免出现模范传播“忽冷忽热”的现象。当前，在北京市的道德人物推荐活动“北京榜样”评选中，就将年度表彰与月度推荐相结合，通过设立“北京榜样月榜”，将活动跨度时长由“年”变为“月”，既扩大了活动的宣传表彰范围，又保证了大众对活动持续关注。

道德模范的传播体系构建必须要典型突出。随着各级各类道德模范人数越来越多，对于模范的宣传推广不可能均衡发力，否则势必会造成大众的认知疲劳和资源的无效运用，因此，必须在道德模范的传播过程中树立典型人物，突出典型人物，通过典型的作用将模范的精神进行集中、鲜明的展示。首先，要探索建立选树典型的标准。所有的道德模范都有高尚的道德追求，打动人心的道德实践，都值得被人们学习、尊敬、爱护。能够在众多模范人物中脱颖而出、从一般的模范升华为道德符号式的典型人物，获得更大范围的社会认可、更深层次的百姓拥护，还需要具备一些特质。对这个层面的传播主体来说，需要有发现典型、选树典型的自觉性和敏锐性，探索以“精神贴近百姓生活和情感、事迹迎合时代需求和发展需要、影响跨越时间空间限制”为主要因素构建典型人物选树标准，善于发现典型、挖掘典型。其次，要合理规划典型人物的传播路径。一般来说，典型人物的传播遵循从下到上、从上往下的双重路径。从下往上是指对典型人物的发现和最初报道往往是从地方开始，通过不断的宣传叠加，其事迹的典型性、社会的关注度、百姓的认可度日益增强，最终获得中央层面的肯定；从上往下是指中央层面通过一些核心媒体对模范进行更高层次的宣传，使得其事迹突破了地方的范围，开始走向全国，获得了全社会的广泛关注和认可。这种先地方后中央最终推向全国的典型人物传播方式，有利于充分发挥地方对人物及其事迹的熟悉和了解特性，做到细节还原，保证事迹真实，突出地方特色，为人物由模范向典型转变打下坚实基础，而中央的肯定及其全国推广有利于进一步提升模范的政治符号、社会符号以及文化符号属性价值，扩大其社会影响力，是模范人物成为道德符号、典型人物的关键环节。最后，典型人物的突出必须各方资源同时发力。典型人物在传播体系中的突出是一个各方资源同时发力的过程，既需要电视、广播、报纸、书刊等传统传播媒体的宣传报道，也需要网络、微博、微信等新媒体的重点关注和推介，包括电影、话剧等文艺创作也是增强其典型性的有效手段，以此形成具有更大覆盖面的传播体系。

道德模范的传播体系构建必须要高度融合。首先，在传播定位上，要实现政治说教与百姓情感的融合。道德模范具有鲜明的社会性和阶级性，各个传播媒体作为“党和政府的喉舌”在对道德模范的传播推介过程中，必须要将党和政府的路线、方针、政策贯穿其中，体现社会主义核心价值观，宣扬社会主义道德理念。但是这种宣传不能简单为刻板的政治说教，也不能不顾社会实际和百姓认知自说自话，相反，它必须与百姓的情感接受方式和道德认知模式相融合，让大众以自己熟悉的方式，在对生动情节的把握中感受党和国家的路线方针，在对细腻情感的感知中熔铸社会主义核心价值观，实现润物无声的效果。其次，在方式内容中，要实现线上与线下的融合。要充分认识网络在现代传播体系中的重要作用，利用好网络资源，建设好道德模范传播的网络平台。要善用网络，打造覆盖中央与地方、官方与民间、权威与草根相结合的道德模范网络传播体系；要善待网络，通过业务指导、资源共享等方式鼓励各网络传播主体创造性的挖掘模范多方价值，丰富传播内容，灵活传播方式；要善管网络，对于那些打着宣传道德模范旗号借以实现商业目的甚至宣传反动消极思想的网络媒体和平台，要予以坚决地打击和取缔，以净化网络环境氛围。同时又要重视线上平台与线下资源的融合，以线上活动调动大众关注、参与道德建设的积极性，以线下活动进一步巩固道德模范教育的成果，互相促进，共同发展。最后，在传播视野上，要实现国内与国际的融合。当前我国的道德建设主要是面向国内、面向大众，以国际的视野向世界传播中国道德故事和中国道德声音的自觉性还不够强，有效实践更少。为进一步扩大中国文化在世界上的影响力，推动中国道德规范和准则在世界范围内进行广泛对话，增强社会大众的道德自信和文化自信，必须要树立道德模范对外传播的意识，深入挖掘模范身上体现的中国优秀传统文化的意蕴和价值，代表当下中国社会主义精神文明建设、社会主义核心价值建设的突出成就，进行价值提炼和理论升华，积极推动对外传播。

5.3 党员领导干部要成为“德治天下”的信仰者、拥护者、践行者

2014年5月，习近平同志在河南考察时指出：“面对纷繁复杂的社会现实，党员干部特别是领导干部务必把加强道德修养作为十分重要的人生必修课，以严格标准加强自律、接受他律，努力以道德的力量去赢得人心、赢得事业成就。①”中国共产党是中国特色社会主义事业的领导核心，是人民的主心骨。党员领导干部争当道德模范，将道德模范打上党性烙印，发挥道德模范社会功能，是厚植党的执政基础、引导人心向善、实现德行天下的重要条件。

① 习近平河南考察来到开封郑州等地 深入乡村企业［EB/OL］. 人民网，2014－05－11. http：//henan. people. com. cn/n/2014/0511/c351638－21180790. html

5.3.1 马克思主义理论的道德与道德模范

马克思主义的道德模范思想来源于马克思的伦理思想以及后期对这一伦理思想的继承和发展。马克思的伦理思想彻底批判了一切带有阶级偏见的剥削阶级伦理思想对个人利益与社会利益的错误理解，批判唯心史观与形而上学，首次提出合理、科学的道德原则，充实了道德模范的教育精神。①

1. 马克思、恩格斯的道德观

马克思坚持历史唯物主义立场，在对康德等唯心主义道德观的批判中，在对资本主义道德的剖析与否定中，在对费尔巴哈以抽象人性批判资本主义道德的矫正中，逐步形成构建了自由的科学的全面的马克思主义道德观，成为马克思主义理论的重要组成部分，有效的指导科学社会主义实践。

第一，经济基础决定上层建筑，道德是一定社会经济关系的反映。恩格斯认为，一切社会变迁和政治变革的终极原因，“应当到有关时代的经济中去寻找”②。而道德作为一种社会意识，也是由经济基础决定的，人的生存和发展离不开物质生产，而人的思想和道德追求也必须建立在一定的物质基础之上，“我们首先应当确定一切人类生活的第一个前提也就是一切历史的第一个前提，这个前

---

① 高帆．新时期道德榜样教育及其实效性研究［D］．陕西：西北大学，2016：11.

② 马克思恩格斯选集（第3卷）［M］．北京：人民出版社，1995：741.

提就是：人们为了能够‘创造历史’必须能生活。但是为了生活，首先就需要衣食住以及其他东西”①，这就关系到个人的利益尤其是经济利益，道德等“‘思想’一旦离开‘利益’就肯定会出丑”②。

第二，道德具有阶级性，没有永恒的、纯粹的道德，物质生产方式的变化会带来道德的变化。马克思在《德意志意识形态》中阐明“人们自觉地或是不自觉地，归根到底总是从他们阶级地位所依据的实际关系中——从他们生产和交换的经济关系中，获得自己的伦理观念”③。基于此，马克思认为资本主义的生存关系是建立在生产资料私有制、资产阶级对无产阶级的剥削之上，由此产生的道德必然是一种狭隘的利己主义的道德，阻碍人的自由全面发展，必将会被无产阶级道德所取代。恩格斯在《反杜林论》“道德与法、永恒真理”一章中深刻批判了杜林形而上学的“永恒真理观”，阐明道德的阶级性和历史性，不同阶级的人有不同的道德观念和追求，而随着社会生产方式的变化，道德的内涵和本质也会发生改变。

第三，道德是绝对性与相对性的统一，社会主义道德是人类共同的追求。马克思、恩格斯认为，道德一方面是具体的历史的，体现一定阶级的利益，并随着社会经济基础的变化而变化；另一方面，处在相同历史阶段的人们，面临着相同的物质生产方式，因此

---

① 马克思恩格斯全集（第3卷）［M］. 北京：人民出版社，1956：326.
② 马克思恩格斯全集（第2卷）［M］. 北京：人民出版社，1956：103.
③ 马克思恩格斯选集（第3卷）［M］. 北京：人民出版社，1995：434.

也能够产生共同的理想追求。特别是在共产主义阶段，生产资料的公有制消解了个人利益存在的物质基础，人的自由全面发展成为共同的社会追求，无产阶级的道德就会成为人人遵守的社会准则。

由于历史和时代的限制，马克思、恩格斯虽然对资本主义道德进行了深刻的批判并积极提倡人的自由全面发展的共产主义道德，但是并没有专门的论述过道德模范。尽管如此，恩格斯在对文学创作进行评论时还是提到了著名的“典型理论”，认为“每个人都是典型，但同时又是一定的单个人”“就我看来，现实主义的意思是，除细节的真实外，还要真实地再现典型环境中的典型人物”。恩格斯的“典型”思想及塑造方法，虽然指的是文学创作，但是对我们今天的道德模范选树与宣传也有一定的指导意义，即作为典型的道德模范首先是一个普通人，应该来自群众，此外对模范的宣传应该突出典型形象塑造，在典型的环境中将人物的道德追求和实践进行集中的、突出的体现。

2. 列宁的共产主义道德观

在马克思主义理论发展史上，著名的马克思主义者列宁第一次提出了“共产主义道德”的概念。1920 年 10 月，列宁在《青年团的任务》中对共产主义道德的内涵进行了界定，认为共产主义道德“是从无产阶级阶级斗争的利益中引申出来的”①，服务于无产阶级摧毁旧制度而进行的反对一切剥削、反对一切小私有制斗争的新型道德。“为巩固和完成共产主义事业而斗争，这就是共产主义道德

① 中共中央马克思恩格斯列宁斯大林著作编译局．列宁选集（第四卷）［M］．北京：人民出版社，2012：289.

的基础。”① 列宁的道德观具有鲜明的阶级性，是基于无产阶级所承担的推翻资产阶级旧制度的历史使命以及建设共产主义的崇高理想而构建的。列宁还进一步丰富了共产主义道德的内涵，他提出“我们将努力消灭‘人人为自己，上帝为大家’这个可诅咒的准则”，努力把“‘大家为一人，一人为大家’和‘各尽所能，按需分配’的准则渗透到群众的意识中去，渗透到他们的习惯中去，渗透到他们的生活习惯中”。在这里，列宁针对资本主义道德显现的极端个人主义和虚无主义，按照共产主义社会“按需分配”的生产资料分配方式，提出了“我为人人、人人为我”的集体主义道德指向，指引广大无产阶级正确处理个人与社会、国家的关系，将个人价值的实现熔铸于集体的利益当中。列宁重视学习在思想道德建设中的重要性，尤其希望广大青年认真学习马克思主义理论，树立共产主义的崇高思想，“青年团和所有想走向共产主义的青年都应该学习共产主义,② 吸收和改造了两千多年来人类思想和文化发展中一切有价值的东西”。他反对空洞的说教，重视实践也就是社会生活对于道德养成的重要性，我们“决不是向他们灌输关于道德的各种美丽动听的言词和准则”③，推崇“共产主义星期六义务劳动”等道德实践。列宁还高度推崇道德榜样，重视模范典型的重要引领

① 中共中央马克思恩格斯列宁斯大林著作编译局．列宁选集（第四卷）［M］．北京：人民出版社，2012：292.

② 中共中央马克思恩格斯列宁斯大林著作编译局．列宁选集（第四卷）［M］．北京：人民出版社，2012：282.

③ 中共中央马克思恩格斯列宁斯大林著作编译局．列宁选集（第四卷）［M］．北京：人民出版社，2012：292

和示范作用，他要求国家的宣传力量要更加关注“模范的生产，模范的共产主义星期六义务劳动，对取得和分配每普特粮食所表现的模范的认真负责态度，模范的食堂，某个工人住房和某个街区的模范的清洁卫生工作”，塑造模范的典型并积极广泛地宣传出去。

在马克思主义中国化的过程中，毛泽东、邓小平等党和国家领导人也在马克思主义的指导下，从中国革命和社会建设的实际出发，提出了关于加强道德建设、选树模范典型的理论体系。毛泽东同志提倡的道德观中具有鲜明的爱国主义特色，以“为人民服务”为核心，提倡集体主义的道德理念，关系群众利益，提出“一切群众的实际生活问题，都是我们应当注意的问题①。”毛泽东同志在1939年提出了“为人民服务”的理念，1944年又专门以此为题写了一篇文章，纪念为人民无私奉献的模范人物张思德。实际上，毛泽东同志历来重视树立模范典型，在革命时期就选树了劳动模范杨朝臣、郭凤英，新中国成立以后又为全心全意为人民服务的典型雷锋同志题词，使其成为社会主义道德的符号化人物。邓小平同志强调领导干部的表率作用，重视在社会主义经济建设中发挥模范的带头作用。江泽民同志将社会道德建设融入社会主义精神文明建设，提出要通过构建集体主义道德抵御市场经济带来的功利主义和个人主义。胡锦涛同志高度重视社会主义道德模范的选树工作，亲自接见全国道德模范并强调，要高度重视和切实加强社会主义道德建设，为经济社会发展提供强有力的思想道德保障。

---

① 毛泽东选集（第一卷）［M］．北京：人民出版社，1991：137.

5.3.2 习近平的德治思维

习近平同志高度重视“德治”在中国特色社会主义建设中的重要性，以中华优秀传统文化中的道德理论为根，以马克思主义关于道德的经典论述为源，充分总结中国特色社会主义建设中的伟大道德实践，深入探索新时代社会发展的道德诉求，在跨越古今、融合中外的思考与探究中，逐渐构建出自己的德治思维体系，以道德建设与治理为核心，实现对个人、家庭、社会、国家四个层面的逻辑分析与道路指引，具有重要的理论与实践意义。

1. 习近平德治思维的内容概述

习近平的德治思维是一个宏大的体系，以时代为纲，以文化为目，跨越个人、家庭、社会、国家四个层面，涉及政治、经济、文化、法治等多个领域，内容包罗万象，见解深邃长远。在本文中，作者仅以自己的浅见，结合习近平同志在一些重要会议及媒体上的讲话，对其内容进行概述：

首先，以历史的视野和时代的担当，站在民族复兴的角度把弘扬中华民族传统美德、加强社会主义思想道德建设作为极为重要的战略任务来抓，为实现中华民族伟大复兴的中国梦提供强大精神力量和有力道德支撑。习近平同志认为，国无德不兴，人无德不立。[①] 中华民族五千年的悠久发展历史中，充分证明了道德凝聚人

① 习近平谈治国理政［M］. 北京：外文出版社，2014：168.

心、净化社会风气、维护社会稳定、激发创造动力的重要性。新中国成立以后，能够克服种种困难从一穷二白的极端困难情况下实现站起来、富起来到强起来的历史转变，同样离不开社会主义道德模范的引领和激励作用，雷锋、王进喜、焦裕禄等道德模范人物，在平凡的岗位上做出了不平凡的事，他们在困难的环境下自力更生、艰苦创业，他们不惧个人的辛苦和牺牲、无私奉献、一心为民，他们是社会主义道德的典范，也是以精神力量感召社会大众推动社会实践发展的重要体现。当前，我国已经进入新时代中国特色社会主义建设时期，面临着国内外的压力和挑战。国内方面，改革已经进入攻坚期，人民日益增长的美好生活需要和不平衡不充分的社会发展之间的矛盾日益突出，拜金主义、虚无主义、享乐主义思潮涌动；国际方面，和平与发展虽仍然是世界的主题，但世界并不太平，西方资本主义国家利用网络等平台进行思想渗透，以美国为代表的资本主义国家屡屡挑起国际贸易争端，妄图抵制中国的发展和崛起。可以说，在这样严峻的国内外背景下，必须充分发挥道德的力量，加强社会主义思想道德建设，引导大众树立社会主义核心价值观，将个人的利益融合于中华民族伟大复兴的历史进程之中，自觉抵制社会不良思想的侵害，同仇敌忾对抗国际上的敌对势力，为中国梦的实现打下坚实的思想道德基础。

其次，针对社会发展过程中的突出问题，强调社会道德建设。习近平同志指出，必须加强全社会的思想道德建设，激发人们形成善良的道德意愿、道德情感。① 习近平同志的德治思维具有鲜明的问题导向。随着改革开放的不断深化，尤其是党的十八大以来，以习近平同志为核心的党中央带领中国人民克服困难、锐意进取，取得了社会主义建设的伟大成就，人民的生活水平有了很大提高，幸福指数也是不断攀升。但是，随着物质文明的不断进步，一些思想道德问题却日益呈现开来，并通过网络等媒体发酵，影响大众以及国际社会对中国的道德认知。比如很多国人喜欢到国外旅游，但是却不遵守相应的社会公德，在旅游目的地的餐厅大声喧哗、随地吐痰，在购物时插队甚至还辱骂工作人员，如此等等的行为极大破坏了国人的国际形象，拉低了国人的道德水准。在国内一些违反社会公德的现象更是大量存在，比如媒体广泛报道的高铁占座事件、景区喷泉泡脚事件等等。这些现象一经报道引起了全社会的哗然，但是却真实地发生在我们身边。还有一些现象甚至会直接损害人们进行道德行为的热情，比如媒体报道的“马路碰瓷”事件，“见义勇为者反被讹取高额医药费”事件等等，伤害的不仅仅是施以善行的个人，更是整个社会的道德良心。正是带着明确的问题意识，针对社会上的种种道德乱象，习近平同志高度重视社会道德建设，希望通过道德模范的引领作用使人心向善，通过法律的建立健全保障行善者的合法权益，有力打击破坏社会道德的行为。“法律是成文的道德，道德是内心的法律”。

再次，将家庭视为国家发展、民族进步、社会和谐的重要基

① 习近平在山东考察：汇聚深化改革的正能量．光明理论网，2013 - 11 - 29. http://theory.gmw.cn/2013 - 11/29/content_ 9645529_ 2. htm

点，充分发挥家庭在道德建设中的重要作用。习近平同志认为，中华民族历来重视家庭。对于个人来说，家是生活的平台，是提供心灵抚慰的避风港湾，是进行教育的第一个课堂；对于社会来说，家庭是社会的基本单位，每一个小的家庭都幸福、稳定，整个社会大家庭才能团结、和谐发展；对于国家来说，家与国是统一的，国家的富强最终要体现在千千万万个家庭都幸福美满上，同时只有国的强大才能为家的繁荣提供坚实的保护和保障。因此，要充分重视家庭在道德建设中的重要作用，发挥家庭的教育平台功能，培育良好的家庭学习氛围，教育家庭成员要把对家庭的小爱转化为对国家的大爱，把对父母、长辈的尊敬转化为对国家的忠诚，把家庭的发展目标与中华民族伟大复兴的中国梦相统一。要着力打造良好的家风，家风好，就能家道兴盛、和顺美满；家风差，难免殃及子孙、贻害社会。广大家庭都要弘扬优良家风，以千千万万家庭的好家风支撑起全社会的好风气。[①] 要积极传播中华民族传统美德，传递尊老爱幼、男女平等、夫妻和睦、勤俭持家、邻里团结的观念，倡导忠诚、责任、亲情、学习、公益的理念。[②] 基于家庭建设的重要性，习近平进一步提出，各级党委和政府要切实把家庭文明建设摆上议事日程。工会、共青团、妇联等群众团体要结合自身特点，积极组织开展家庭文明建设活动。各方面要满腔热情地关心和帮助生活困难的家庭，帮助他们排忧解难。精神文明建设工作部门要发挥统

---

① 新华社．习近平：动员社会各界广泛参与家庭文明建设 推动形成社会主义家庭文明新风尚［J］．中国妇运，2017（01）：8.

② 动员社会各界广泛参与家庭文明建设 推动形成社会主义家庭文明新风尚［N］．人民日报，2016－12－13，第1版．

筹、协调、指导、督促作用。①

最后，充分继承发扬中华优秀传统文化中的“修身”思想，不断提升个人道德修养水平。习近平同志高度重视个人的道德修养，他继承发扬传统文化中的精神养料，多次在讲话中强调“见贤思齐焉，见不贤而内自省也”。他认为，个人的道德修养提升是一个不断反省自己的过程，要敢于承认自己的错误并坚决地加以改正，做到“吾日三省吾身”；同时，要加强个人的道德修养还必须有明确的底线意识，遵守社会公德和国家法律，在纪律和规矩的框架下进行活动，“心存敬畏，手握戒尺”；加强个人道德修养要体现在生活的方方面面，在社会中与人交往时要遵守道德准则，在自我独处没有外部监督时要有意识的自我监督，在面对原则问题时要坚持道德标准，在处理日常小事时也不能降低道德要求，所谓要“慎权、慎独、慎微、慎友”；要充分认识到不合理的欲望是道德的敌人，个人不应被欲望驱使去做出破坏道德的事情，而是要以道德去抑制不合理的欲望，正确处理个人与他人、与社会、与国家的关系，“祸莫大于不知足，咎莫大于欲得”。

2. 习近平德治思维的特点

习近平同志作为党的领导核心，充分认识到道德在国家治理、社会发展中的重要作用，其德治思维不但内容丰富，而且还有极强的时代针对性和现实的指导意义，呈现出鲜明的特点。

首先，将社会道德建设与社会主义核心价值观的培育践行相统

① 新华社．习近平：动员社会各界广泛参与家庭文明建设　推动形成社会主义家庭文明新风尚［J］．中国妇运，2017（01）：8.

一。习近平总书记2014年5月4日在北京大学师生座谈会上指出："核心价值观，其实就是一种德，既是个人的德，也是一种大德，就是国家的德、社会的德。国无德不兴，人无德不立。如果一个民族、一个国家没有共同的核心价值观，莫衷一是，行无依归，那这个民族、这个国家就无法前进。"① 24字的社会主义核心价值观的提出，对于中国的社会道德建设意义重大。其一，社会主义核心价值观是对中国传统道德文化内容的高度总结和创新。24字的价值观分为国家、社会、个人三个层次，将古代道德思想进行了集中的提炼，并赋予新时代的内容和提升，涉及个人私德、社会公德、国家大德，同时对这三个层面的表述又不居于空虚的理念，而是具化为具体的生活场景，比如爱国、诚实等等，都是每个公民在社会生活中都会遇到的问题，极大地拉近了道德建设与普通大众的情感距离，使其更好地融入大众、吸引大众、引导大众；其二，中国特色的社会主义道德建设得到了进一步的完善。以习近平同志为核心的党中央高度重视道德建设，通过政府提炼核心价值观，将道德建设的框架和内容进行一个高层次的确立，弥补了社会道德建设的一个空白，使得传统的道德观念与当前的社会建设实际，国家、社会、个人不同层面的道德追求实现了统一，同时以社会主义核心价值观为基础，中国进一步增强了与世界进行道德对话的自信和底气，意义重大，影响深远；其三，社会主义核心价值观的提炼，极大促进了社会道德建设。核心价值观使得党和政府的社会道德构建有了具

---

① 习近平谈治国理政［M］. 北京：外文出版社，2014：168.

体的指向和依托，使得各种社会行为有了道德的评判标尺，也使得社会大众的行为有了道德的引领。我们看到，社会主义核心价值观一经提出，各地都掀起了学习贯彻的热潮，人民的道德风貌焕然一新，整个社会呈现出一派和谐的景象。

其次，在思想和实践中坚持法治与德治并用，依法治国与以德治国相统一。2016 年 12 月 9 日，习近平总书记在主持中央政治局第三十七次集体学习时强调，必须坚持依法治国和以德治国相结合，使法治和德治在国家治理中相互补充、相互促进、相得益彰，推进国家治理体系和治理能力现代化。[①] 这是对依法治国和以德治国关系的全面阐发，深刻揭示了中国特色社会主义法治建设和道德建设的重要准则。社会主义的法治与道德具有高度的统一性。一般来说，违背法律规定的一般也都违背道德，遵守道德的一般也符合法律规定。法律是道德运行的保障，道德是个人内心的法律，一方面要通过道德建设，增强人们知法、守法、爱法的意识，在个人私德、社会公德、职业道德中增强法律的观念，以道德细化法律的条文，使人们更加容易接受；另一方面要用法律的执行来保障道德规范的遵守，在立法上要坚持鲜明的道德导向，通过法律的权威鼓励人们遵守道德，为见义勇为、拾金不昧等道德的行为提供法律保障，在执法上要对那些严重违反社会道德直至触犯法律的行为予以严惩，以法律的权威性强化道德对个人行为的约束，在普法环节要注意将法律与道德进行融合宣传，以道德提升保障法律运行，以法

① 习近平谈治国理政（第二卷）［M］．北京：外文出版社，2017：133.

律实施确保道德实践，努力构建崇德尚法的社会主义法治社会。

充分重视青年学生在社会道德建设中的基础作用，党员领导干部的表率作用。青年是祖国的未来和希望，也是社会主义道德理念的继承者和发扬者。2013 年 5 月 4 日习近平同志同各界优秀青年代表座谈时指出：广大青年要把正确的道德认知、自觉的道德养成、积极的道德实践紧密结合起来，自觉树立和践行社会主义核心价值观，带头倡导良好社会风气。① 在 2018 年的全国教育大会上，习近平同志又进一步提出要把立德树人作为教育的中心环节，把思想政治教育贯彻教育教学全过程。以习近平同志的道德思维来看，对青年进行道德教育的目的是为了培养中国特色社会主义合格建设者和接班人，培养的主体包括社会、学校和家庭，尤其是学校的教育，对于青年树立正确的道德追求意义重大，必须引起高度重视，通过有效举措引导青年学生树立正确的理想信念、厚植爱国情怀、提升道德修养、努力增长才干。为此各学校要高度重视思政课程，发挥思政课在提升学生思想境界、构建社会主义道德方面的重要作用；要切实加强师德师风建设，为学生树立近距离的学习榜样；要营造良好的学校风气和氛围，为学生学习知识、报效祖国创造良好的环境。

此外，中国共产党作为执政党，承担着带领亿万人民实现民族复兴的历史使命，习近平同志作为党的总书记和领导核心，高度重视对党员领导干部的道德要求。2014 年 5 月，习近平同志在河南考

① 习近平谈治国理政［M］. 北京：外文出版社，2014：52－53.

察时指出：党员干部特别是领导干部务必把加强道德修养作为十分重要的人生必修课，自觉从中华优秀传统文化中汲取营养，老老实实向人民群众学习，时时处处见贤思齐，以严格标准加强自律、接受他律，努力以道德的力量去赢得人心、赢得事业成就①。习近平同志认为，党员要守好理想信念这个“总开关”，认为“我们共产党人的根本，就是对马克思主义的信仰，对共产主义和社会主义的信念，对党和人民的忠诚。立根固本，就是要坚定这份信仰、坚定这份信念、坚定这份忠诚，只有在立根固本上下足了功夫，才会有强大的免疫力和抵抗力。”② 要加强党员领导干部的道德建设，必须要树立明确的问题导向，敢于承认当前党员领导干部中间存在的一些突出问题，并认真加以解决，比如当前在部门领导干部中存在的形式主义、官僚主义、享乐主义和奢靡之风，这些行为既违背了党纪党规，也脱离了社会主义道德，对党的事业和人民的福祉有极大的危害。党员领导干部加强道德修养还必须要有底线意识，坚持自律自省，敢于批评和自我批评，这样才能不断进步。习近平同志还坚持将道德纳入党员领导干部的选拔工作中来，坚持“德才兼备、以德为先”的用人标准，高度重视道德在提升干部政治意识、业务水平、群众关系方面的重要作用。

树立模范典型，重视道德模范在推动社会道德建设中的重要作用。近年来，习近平同志多次接见全国道德模范，并发表了多次讲

① 习近平在河南考察时强调：深化改革发挥优势创新思路统筹兼顾　确保经济持续健康发展社会和谐稳定［N］. 人民日报，2014－5－11（01）.

② 习近平主持中共中央政治局第二十六次集体学习［EB/OL］. 中国军网，2015 9－12. http：//www.81.cn/jmywyl/2015－09/12/content_6678907.htm

话，他指出，隆重表彰全国道德模范，对展示社会主义思想道德建设的丰硕成果，彰显中华民族昂扬向上的精神风貌，凝聚全国各族人民团结奋进的力量，具有重要意义。他认为，道德模范是道德实践的榜样，因此要利用好这一宝贵的社会道德财富，结合当前的社会建设和人民群众的实际，创新形式，丰富内容，开展多种多样的道德模范宣传学习活动，使得道德模范的教育产生实际的效果，入脑、入心、入行，将道德模范的精神转化为大众的道德实践，提高全社会的道德水平。习近平同志高度重视历史上的道德模范人物对当前社会建设的重要意义。2018 年 9 月 28 日，在抚顺市雷锋纪念馆参观，习近平同志向雷锋墓敬献花篮，并发表讲话指出：我们既要学习雷锋的精神，也要学习雷锋的做法，把崇高理想信念和道德品质追求转化为具体行动，体现在平凡的工作生活中，做出自己应有的贡献，把雷锋精神代代传承下去。① 习近平同志还身体力行，在一些重要年庆活动中慰问模范，看望模范，关爱模范。在 2017 年的全国精神文明表彰大会上，习近平总书记同各位模范握手结束后回到队伍中间，准备同代表们合影。总书记看到 93 岁的黄旭华和 82 岁的黄大发两位道德模范代表年事已高，站在代表们中间，总书记握住他们的手，微笑着问候说："你们这么大岁数，身体还不错。你们别站着了，到我边上坐下。"亲切的话语，感人的言行，为国人尊重模范、关爱模范树立了一个榜样。

---

① 学习雷锋精神　听听习近平总书记的 10 句嘱托［EB/OL］. 中国共产党新闻网，2019 - 3 - 5. http：//cpc. people. com. cn/xuexi/n1/2019/0305/c385474 - 30957918. html

3. 习近平德治思维的重要意义和时代价值

理论来自于实践又充分地指导实践。习近平同志的德治思维，既是对马克思主义关于道德经典表述的继承，也是扎根新时代中国特色社会主义建设实践的理论创新，是其治国理政思想的重要组成部分，对于进一步加强党的建设、推动社会各项事业发展、实现中华民族伟大复兴中国梦具有重要的意义和价值。

首先，习近平同志的德治思维蕴含于党的建设中，有利于打造一支忠诚、干净、担当的党员队伍。习近平同志将党的建设称为“新的伟大工程”，而加强党员尤其是领导干部的道德建设是其中的一项重要内容。截至 2018 年底，中国共产党党员总量突破 9000 万，在社会主义现代化建设过程中发挥着中流砥柱的作用。但是我们也要看到，有一些党员尤其是领导干部有严重的官本位思想，信奉特权主义，处处搞特殊，工作中官僚主义严重；一些党员不能抵制腐朽思想的侵蚀，理想信念不坚定，出现了贪污腐败的行为；一些党员不能正确理解党中央正风反腐的意义，不能正确认识自己的职责定位，谨小慎微怕担责任，导致出现为官不为、为官乱为的问题。要解决好这些问题，既要靠深入推进全面从严治党，用党纪党规给党员领导干部划一条纪律的红线，也要靠开展理想信念教育，尤其是推进党员领导干部的道德建设，使其对自己严格要求，对群众敞开心扉，提升自己的责任感和使命感。习近平同志的德治思维明确提出要抓好道德建设这个基础，教育引导党员干部讲党性、重品行、做表率，提出选拔党员领导干部要“德才兼备、以德为先”，将政治品质和道德品行作为党员领导干部选拔和考核的重要内容，无疑将会极大推动党员领导干部的道德建设，把握好理想信念这个“总开关”“总阀门”，践行全心全意为人民服务的宗旨，以忠诚、干净、担当的姿态投身于新时代中国特色社会主义建设中。

其次，习近平同志的德治思维运用于立德树人的根本任务中，有利于培养社会主义现代化建设的合格建设者和可靠接班人。习近平同志高度重视对于青年学生的道德建设，重视发挥学校教育尤其是思想政治教育对于塑造青年世界观、人生观、价值观的重要作用。习近平同志指出，要坚持把立德树人作为中心环节，把思想政治工作贯穿教育教学全过程，既要抓好思政课程、又要抓好课程思政，既要抓好思政教师、又要抓好专业教师，既要抓好教师传授、又要抓好学生接受，统筹教师、教材、教学各环节，大力推进理论研究和理论教学创新，提高思想政治教育的亲和力、针对性和感染力，明确所有课堂的育人使命，都要守好一段渠、种好责任田，同心同向同行，形成协同效应。尤其要上好高校的思政课。2019 年 3 月，习近平同志专门主持召开学校思想政治理论课教师座谈会，强调指出思想政治理论课是落实立德树人根本任务的关键课程，办好思想政治理论课的关键在于教师，在于发挥教师的积极性、主动性、创造性；要推动思想政治理论课改革创新，不断增强思政课的思想性、理论性和亲和力、针对性。把思想政治理论课建设摆上重要议程，实现全程全方位育人。抓住制约思政课建设的突出问题，在工作格局、队伍建设、支持保障等方面采取有效措施，理直气壮开好思政课，把思政课办得越来越好。总书记对思政课教师提出“六要”，政治要强、情怀要深、思维要新、视野要广、自律要严、人格要正。这既是对思政课教师的要求，也是全体教师需要努力的方向。①

再次，习近平同志的德治思维覆盖社会各个领域，为社会生活各个方面、社会发展各个领域提供道德支持和精神动力。习近平同志指出，人民对美好生活的向往，就是我们的奋斗目标。而个人高尚的道德追求以及社会各领域良好的道德氛围，无疑是"美好生活"的应有之义。习近平同志高度重视群众的个人品德建设，号召大家要加强学习，尤其是从中华优秀传统文化资源中汲取道德养料，提升自己的道德意识和道德理念，慎独慎微、慎言慎行，要自觉践行社会主义核心价值观，正确处理个人、社会与国家的关系，将个人价值的实现统一于社会的和谐发展、国家的繁荣昌盛之中；习近平同志提倡家庭美德建设，"天下之本在家"，号召树立良好的家风，重视家庭教育对个人道德品行的影响力，尤其注重家风对于党员领导干部廉洁自律的影响，认为一部分党员领导干部之所以走上了贪污腐败、违纪违法的道路，都是受不良家风的影响、追求享乐贪图享受而起的；习近平同志结合当前中国社会建设的实际需要，多次针对不同行业提出加强职业道德建设的重要性，在中央政法工作会议上要求广大干警要用职业道德来约束自己，号召广大新闻工作者加强职业道德养成，对于教师道德建设提出"四有好老师""四个引路人"的标准等；习近平同志还高度重视社会公德建

① 习近平主持召开学校思想政治理论课教师座谈会［EB/OL］. 央视网，2019-3-18. http：//news. cctv. com/2019/03/18/ARTIQfuAgYriqdIP8wfUszCe190318. shtml? spm=C94212. PV1fmvPpJkJY. S71844. 135

设，多次接见、看望全国道德模范并发表重要讲话，号召全国人民向道德模范学习，共同打造良好的社会道德氛围。

最后，习近平同志的德治思维体现于“负责任的大国”形象构建中，为中国的和平崛起创造良好的国际环境。习近平同志在十九大报告中以世界的眼光、国际化的视野提出了构建人类命运共同体的伟大命题，并与实践中的“一带一路”建设、“亚洲基础设施投资银行”相呼应，进一步构建了“负责任的大国”的国家形象，展示了中国“和平崛起”的决心和诚意。不可否认的是，尽管我国一直致力于推动世界的和平与发展，但国际上还是有一些不太友好的质疑声音，尤其是西方一些反华势力积极营造的“中国威胁论”，破坏我国的国家形象，阻挠我国与他国的正常交往和共同发展。在这样的背景下，习近平同志的德治思维理念以及治国理政的实践，向世界充分展示了中国深厚的道德文化基础，生动演绎了当前中国道德建设的成就，有效阐释了中国构建新型国际关系、坚持正确义利观、“亲诚惠容”的周边外交理念以及“真实亲诚”的对非政策理念的内涵，打造中国在世界的“道德”名片，为我国更好地在国际交往中承担大国责任、推进世界和平与发展创造良好的氛围和条件。

5.3.3 共产党员应该争做道德模范

中国共产党是马克思主义的政党，高度重视道德建设，将对道德的追求作为党员应该具有的内在品质，加强思想教育，规范党员行为，引导党员树立个人私德、社会公德和国家大德，以德凝聚人心，带领全国人民进行中国特色社会主义建设。一批优秀的共产党员成为践行社会主义道德的模范，比如雷锋、王进喜、焦裕禄、孔繁森等等，他们充分证明了中国共产党的先进性，也为今天的党员特别是领导干部做出了表率。

共产党员争当道德模范，是由党的性质和宗旨决定的。中国共产党是无产阶级的政党，是中国特色社会主义事业的领导核心，承担着带领人民进行社会主义政治、经济、文化等多方建设的历史使命。党员争当道德模范，加强个人道德建设是永葆党的先进性和纯洁性的必然要求，是推进社会主义文化建设的重要内容，能够为政治建设、经济建设等提供良好的道德环境和文化氛围。党的宗旨是全心全意为人民服务，以人民为中心，把人民的利益放在首位。这就要求广大党员要在自己的岗位上努力工作，爱岗敬业，以工作实绩为人民的社会生活谋福祉；在生活中要乐于助人，想群众之所想，急群众之所急，把帮助群众解决实际问题作为自己的行动目标和方向；要有人民至上的意识，在个人利益与集体利益、人民利益产生冲突时，毫不犹豫地做出自我牺牲，通过党员价值的不断实现和提升，增强党的凝聚力和向心力，不断夯实党执政的群众基础。共产党员争当道德模范，是由当前社会主要矛盾决定的。习近平同志在十九大报告中指出，中国特色社会主义建设进入新时代，我国社会主要矛盾已经转化为人民日益增长的美好生活需要和不平衡不充分的发展之间的矛盾。人民不仅对物质文化生活提出了更高要求，而且在民主、法治、公平、正义、安全、环境等方面的要求日益增长。中国共产党作为执政党，带领人民解决当前社会的主要矛盾是义不容辞的职责所在、使命所向。对于个体党员来说，也要树立国家大德，与时代同呼吸、共命运，以解决当前社会主要矛盾、满足人民美好生活需要为导向，以扎实的职业道德为引领，努力在各自的岗位上投入工作，积少成多，推动社会各项事业发展。要加强个人道德建设，营造良好社会道德氛围，为社会民主、法制、公平、安全的实现注入道德的推动力量，实现人与环境的和谐发展。

习近平同志说，德包括政治品德、职业道德、社会公德、家庭美德等。共产党员争当道德模范，应该加强自身道德建设的全面性，紧密结合当前社会建设发展的实际，认真学习，敢于实践，在知行合一中提升道德修养。

共产党员要争当政治品德模范，旗帜鲜明讲政治。2019 年 2 月，中央印发了《关于加强党的政治建设的意见》，意见明确指出，要把党的政治建设摆在首位，推动全面从严治党向纵深发展。广大党员要自觉增强“四个意识”，坚定“四个自信”，坚决做到“两个维护”，自觉在思想上政治上行动上同以习近平同志为核心的党中央保持高度一致。要把讲政治转化为切实的行动，体现在工作的方方面面，坚决反对在学习传达中央精神方面不求甚解、照抄照搬，在贯彻落实中央重大决策部署方面表态多调门高、行动少落实差等突出问题，坚决杜绝做政治上的“两面人”，反对“当面一套背后一套”，要将党性修养和政治品格落到实处。

共产党员要争当职业道德模范，践行全心全意为人民服务的宗旨。各行各业的党员尤其是领导干部要牢固树立为人民服务的宗旨，持之以恒纠正“四风”，严格贯彻落实中央八项规定精神，着力解决群众反映的突出问题，增强意识、率先示范，管好身边人和身边事；要坚决反对特权思想、特权现象，着力解决群众反映强烈的形式主义、官僚主义问题，把其当作正风肃纪、反对“四风”的首要任务、长期任务，摆在更加突出的位置，大力整治在联系服务群众方面消极应付、冷硬横推，在服务经济社会发展方面不担当、不作为、乱作为、假作为，在文风会风及检查调研方面搞形式、走过场，重留痕、轻效果等突出问题，对顶风违纪从严查处，对典型案例通报曝光，坚持不懈，久久为功，化风成俗。

共产党员要争当社会公德模范，认真培育和实践社会主义核心价值观。要深刻把握、全面领会社会主义核心价值观的深刻内涵，正确处理个人与社会、国家的关系，将三者统一于新时代中国特色社会主义伟大事业上来，统一于实现中华民族伟大复兴中国梦的实践中来。要通过有效学习，将核心价值观入心、入脑、入行，在日常的工作生活中提高自律意识和自省意识，以核心价值观来规范和约束自己的言行，积极服务社会和他人；在面临重大问题和急难险重时刻能够挺身而出，将百姓的安危放在第一位，将祖国的利益放在第一位，敢于牺牲、甘于奉献。

共产党员要争当家庭美德模范，打造和谐向上、团结友爱的家庭氛围。要高度重视家庭对个人的影响，发挥党员在家庭中的模范作用，引导家人爱党爱国、遵守社会公德，形成团结互助、相亲相爱的家庭氛围，使家庭成为个人树立正确的人生理想信念、良好道德追求的平台和基础。要正确处理“小家”与“大家”的关系，党员尤其是领导干部要严于律己的同时也要要求家人，树立良好的生活习惯和健康的生活追求，不攀比、不过分追求物质享受，自觉抵制特权思想，要融于群众，与周围人打成一片，在日常生活中展示党员的良好精神风貌和向上品格。

5.4 以社会主义核心价值观为指引，充分发挥道德模范在青年学生中的榜样作用

道德模范社会功能的发挥，离不开对社会主义核心价值观的融入和践行。党的十八大提出，倡导富强、民主、文明、和谐，倡导自由、平等、公正、法治，倡导爱国、敬业、诚信、友善，积极培育和践行社会主义核心价值观。富强、民主、文明、和谐是国家层面的价值目标，自由、平等、公正、法治是社会层面的价值取向，爱国、敬业、诚信、友善是公民个人层面的价值准则，这24个字是社会主义核心价值观的基本内容。对于社会主义核心价值观的本质，习近平同志深刻指出："核心价值观其实就是一种德，既是个人的德，也是一种大德，就是国家的德、社会的德。"① 从这一点说，道德模范是社会主义道德的集中体现者，是社会主义核心价值观的具体实践者，二者是一种辩证统一的关系。而广大青年学生是

① 习近平谈治国理政［M］．北京：外文出版社，2014：168.

祖国的未来和希望，是中国特色社会主义事业的建设者和接班人。习近平同志指出，青年一代有理想、有担当，国家就有前途，民族就有希望，实现中华民族伟大复兴就有源源不断的强大力量。① 青年学生的心智还没有完全成熟，与社会的接触并不充分，对于社会和世界的看法并不全面、客观，处在价值观形成和确立的时期。充分发挥道德模范在青年学生中的激励、导向、教化和引领作用，是“坚持不懈培育和弘扬社会主义核心价值观，引导广大师生做社会主义核心价值观的坚定信仰者、积极传播者、模范践行者”的重要内容和有效途径。要切实加强对青年学生的思想政治教育，用社会主义核心价值观的精髓要义，帮助广大学生系好“人生的第一枚扣子”，形成良好的道德风尚。

5.4.1 高校深化社会主义核心价值观教育的意义与现状

习近平同志在党的十九大报告中指出：“社会主义核心价值观是当代中国精神的集中体现，凝结着全体人民共同的价值追求。要以培养担当民族复兴大任的时代新人为着眼点，强化教育引导、实践养成、制度保障，发挥社会主义核心价值观对国民教育的引领作用”②。可以说，在高校弘扬社会主义核心价值观，关系到高校办

---

① 习近平．青年一代有担当 国家就有前途［EB/OL］．人民网，2013－12－5. http：//politics. people. com. cn/n/2013/1205/c1024－23758114. html

② 决胜全面建成小康社会 夺取新时代中国特色社会主义伟大胜利．党的十九大报告学习辅导百问［M］．北京：党建读物出版社，学习出版社，2017：33－34.

学的社会主义方向、立德树人的根本任务以及民族复兴的历史重任。目前，绝大多数高校学生都能够充分认识到学习和践行社会主义核心价值观的重要作用，自觉在思想和行动上、学习和生活中以核心价值观为根本遵循，不断提升个人修养，努力提高各项本领，在新时代中国特色社会主义建设的伟大实践中实现个人价值与社会价值的统一，个人进步与国家繁荣、民族复兴的统一。但是我们也要看到，高校在深化社会主义核心价值观的过程中还存在一些问题，主要表现在：

首先，高校党委对深化社会主义核心价值观教育重视不够。高校党委承担着高校管党治党、办学治校的主体责任，应该是高校深化社会主义核心价值观教育的谋划者和推动者，但是目前部分高校党委不能从讲政治的高度看待核心价值观教育，仅仅将其作为思政教育或者学生工作的一部分，没有从全局去谋划，没有调动各种资源去支持，即使开展一些活动也是走走形式，不能深入广大学生的内心、融入其日常生活，使得学生不能树立正确的世界观、人生观、价值观，不能有效应对社会上的各种消极和错误思想的侵蚀，使得高校立德树人的根本任务大打折扣，并造成一些校园安全和意识形态安全隐患。

其次，高校教学、科研工作中社会主义核心价值观教育融入不够。很多高校忽视核心价值观教育在教学科研工作中的融入，有的老师不能全面认识立德树人的根本任务，不能充分认识课堂教学对于大学生价值观形成的重要意义，重视知识讲授，轻视价值引导，弱化高校全程育人的效果；有的老师为了获得科研成果将大学生视作廉价的科研劳动力，甚至不惜弄虚作假，不但不能树立正确的价值典范，反而是传递了错误的价值理念；还有的老师利用自己的教学或者科研光环，做出一些违反师德的行为，比如对女同学进行骚扰等，严重损害了教师的光辉形象，也对青年学生造成了成长的阴影。

最后，高校思想政治教育中社会主义核心价值观教育的形式和内容创新不够。当前很多高校都在进行推进思想政治教育工作的创新举措，将“思政课程”与“课程思政”相结合，实现“三全育人”，但是具体到社会主义核心价值观教育方面却存在有效创新缺乏的情况，很多高校还是习惯于用征文比赛、演讲比赛的方式对青年学生进行直接灌输式的价值观教育，不注意结合当代青年的认知习惯和生活环境进行有针对性地调整，不能充分调动广大青年的积极性和主观能动性，使得他们对价值观教育的关注只是停留在表面，只是作为被动接受者而不是主动传播者，弱化了育人的效果。

基于社会主义核心价值观的以上重要意义及当前在高校传播的问题现状，我们必须要进一步提高认识，采取有效举措加以改进。而道德模范作为社会主义核心价值观的理念体现者、具体实践者，必然成为高校推动核心价值观教育的一个重要抓手和依托。

5.4.2 道德模范选树与社会主义核心价值观弘扬同频契合

道德模范是某种道德标准和精神面貌的集中体现，能够激发学习者的积极性，从而学习效仿形成优良品德。习近平总书记在开展群众路线教育实践活动中就强调要以先锋模范为镜鉴，要“在活动中注意总结典型，及时起示范推动作用”。

2013年12月，中共中央办公厅印发的《关于培育和践行社会主义核心价值观的意见》中，明确提出“大力宣传先进典型，评选表彰道德模范，形成学习先进、争当先进的浓厚风气”。可以说，模范的选树、宣传和学习过程正是社会主义核心价值观的不断诠释、深化和内化过程，是通过将抽象的社会主义核心价值观符号内涵具体化、形象化，以大众乐于接受、通俗易懂的人物形象和事迹精神，推动大学生对模范从理性认知、情感认同逐步到理念认同、行为导向的转化。因此，树立什么样的道德模范，就体现什么样的导向，实际上就是在培育和倡导什么样的社会价值观念。

首先，模范标准承载和传递社会主义核心价值观要求。模范是具体生动的、具有时代内涵和价值取向的社会符号，是新时代社会主义核心价值观的形象体现。选树模范人物及其先进事迹，其选树类型和标准就承载和传递着一种价值观，并通过模范符号使价值观具体化和生动化。目前在全国影响广泛的各种典型人物评选中，模范人物选树的评选类型或者评价标准都集中体现了新时代社会主义核心价值观的要求。例如，由中央文明办、全国总工会、共青团中央、全国妇联共同主办的全国道德模范评选，是新中国成立以来规模最大、规格最高、选拔最广的道德模范评选，旨在层层推选群众身边的榜样，用他们的先进事迹感召群众，在全社会大力弘扬社会公德、职业道德、家庭美德，营造知荣辱、树正气、促和谐的社会风尚，促进社会主义核心价值观建设，这可以从其树立的5个榜样类型（“助人为乐”“见义勇为”“诚实守信”“敬业奉献”“孝老爱亲”）得以生动体现。而由中国共青团中央、中华全国青年联合会联合评选、共同授予优秀青年的最高荣誉——中国青年“五四奖章”，旨在树立政治进步、品德高尚、贡献突出的优秀青年典型，集中反映新时代青年的精神品格和价值追求，这可以从其列出的评选条件中具体体现，即要坚决拥护中国共产党的领导，热爱祖国、热爱人民、热爱社会主义；遵纪守法，品德高尚，作风正派；勤于学习，善于创造，甘于奉献，在本职岗位上取得突出成绩，具有良好的社会影响。

这些影响大、范围广、受欢迎的模范、榜样人物评选活动正是通过模范身上爱国、敬业、诚信、友善的特质，将社会主义核心价值观公民层面的基本道德准则形象直观地传达给了社会公众。

其次，模范激励增强对社会主义核心价值观认同。在大家普遍接受的认同理论中，个人把一定社会的价值观念认同并内化为自身的价值理念，一般可分为三个阶段：理性认知阶段、情感认同阶段、行为认同阶段，这三个阶段层层递进、逐步升华，并形成有机链条。大学生认同社会主义核心价值观，将其逐步内化为自身的价值观念，同样需要通过正确认知、情感共鸣，进而指导行为实践并逐步形成行为习惯。在这个认同链条中，是否能引起情感共鸣在很大范围上决定着大学生的价值选择。因此，有效利用和引导情感因素的参与能增强价值认同的成功率和粘性。以道德模范引领作为目标导向的社会主义核心价值观教育属于情感教育，用可亲、可敬、可学的模范人物的先进事迹和精神品质能激起大学生积极的情感互动，感召、激励和鼓舞大学生主动效仿和学习，能够起到以情动人、以情引人、以情化人的感染效果。

最后，模范精神丰富社会主义核心价值观内涵。模范通常都是在一定历史条件下树立的先锋典型，代表着不同时期、不同年代的主流价值观和精神追求，模范精神和引领作用推动不同时代核心价值观发展前进。从历史长河来看，中国共产党在其成长发展的各个阶段，都非常注重以典型榜样的正面力量来引领社会和时代发展，也因此塑造了一批批引领时代主流价值方向的模范榜样形象。从革命战争时期的王二小、刘胡兰等舍生忘死的少年模范，到建国初期赖宁、雷锋等公而忘私的模范形象，到社会主义现代化建设时期李素丽、孔繁森等为人民服务的奉献精神，再到新时代评选出的全国道德模范龚全珍与百姓推选的“最美教师”邓滢等的奉献与牺牲精神……这些模范是中华民族精神内核和各个时代精神特征的生动载体，无不承载、表达并传递着各个时期的社会主流价值观，也是把社会主义核心价值观化为活生生的具体形象，是我国新时代主流价值的旗帜符号，是广大人民群众道德认知、道德追求和道德实践的集中体现。这些模范人物和先进事迹在不同的时期引领和激励一代又一代中国人奋勇向前，其精神内涵随着类型和范围的不断拓展而丰富发展，这些模范与社会主流价值观相契合，是对社会主义核心价值观内涵的丰富和完善。

习近平总书记在谈到社会主义核心价值观24字基本内容时曾表示，“我们倡导的富强、民主、文明、和谐，自由、平等、公正、法治，爱国、敬业、诚信、友善的社会主义核心价值观，体现了古圣先贤的思想，体现了仁人志士的夙愿，体现了革命先烈的理想，也寄托着各族人民对美好生活的向往”①。由此可见，社会主义核心价值观依然体现了对我国优秀传统文化和价值理念的一脉承载，这也必然要求新时代背景下的模范培育工作，在其生成、传播和践行等各个环节上，二者都要体现实质上的契合和实践中的同频共振。

5.4.3 道德模范认知与社会主义核心价值观内涵同符合契

为了进一步提高研究的有效性和针对性，结合当前青年学生的道德认知范围和习惯，作者将道德模范具化为大学生榜样，制作了《北京高校大学生榜样情况调查问卷》，2016 年对在京十所不同类型高校的 500 余名大学生（含硕士研究生 20.3%、本科生 69.7%、高职生 10%）进行了问卷调查。

调查表明，新时代高校大学生对榜样及其激励作用给予积极评价，尤其对全国和市级评选的榜样类型认可度高，对榜样认同特质符合社会主义核心价值观的内涵，并对学生榜样的培养和宣传机制建言献策。但与此同时，由于新时代大学生正处在人生成长的灌浆期，知识体系搭建尚未完成，价值观塑造尚未成型，情感心理尚未成熟，受各种思想观念和价值取向的影响，在榜样认同、激励作用和评选机制等方面也存在不成熟、不理智的问题，这需要引起我们

① 习近平谈治国理政［M］. 北京：外文出版社，2014：181.

重视。

1. 对榜样及其激励作用认同度高

榜样是代表社会主义核心价值观的一面旗帜，是凝聚民族力量的一种象征。榜样的力量是无穷的，学习榜样有助于大学生树立正确的人生理想，指引人生方向，探索奋斗轨迹。调查显示，有56.4%的学生“想成长为一名学生榜样”，由此表明，大学生对自身成长成功比较期待。对于“目前社会上的高校大学生榜样评选”，比较认可的依次是“全国大学生年度人物”“全国道德模范”“中国榜样”“北京市三好学生等”；对于“校内的大学生榜样”，认可度从高到低依次是“国家奖学金获得者”“优秀毕业生”“十佳系列”等，可见越是评选层次高、评选范围广、影响度高的榜样越受学生欢迎。44.8%的学生明确表示认可榜样的激励和引领作用，能对自己启迪心灵、激发动力、效仿学习。

当然，在调查中也发现，有些学生成为榜样的动力还不强烈，对其激励作用感觉不明显。尽管多数学生希望自己成为榜样，但是也有一些学生表示“无所谓”的漠然，甚至有少数明确表示“不想”，反映出少数学生追求平淡，志向不高。同样，对于大学生榜样的激励作用，仍然有一些学生认为“一般”，甚至个别人选择“比较小”，或许是评选出的榜样学生自己不认同，或许是个性化追求多样不想成为榜样。榜样只有从大学生自身找到切入点进而产生共鸣，才能激发其价值认同和效仿动力，这同时反映出我们选树榜样工作中存在一定不足。

2. 对榜样认同特质符合社会主义核心价值观的内涵

榜样文化的生命力在于它的特质和内涵是社会成员的文化认同，有利于在社会形成共同的理想信念和道德规范，不断增强社会的凝聚力、向心力、亲和力，这与培育和践行社会主义核心价值观的要求一致。调查发现，对于“普遍意义上的高校大学生榜样应该具有的特质”，大学生的选择依次是“热爱祖国”“诚实守信”“勤奋学习”“科技创新”“自强不息”，这与社会主义核心价值观在个人层面的价值准则“爱国、敬业、诚信、友善”基本一致，同时也佐证社会主义核心价值观教育深入人心。而对“榜样”的直接理解就是“全能型”学生，认为“榜样”“综合素质比较强”的比例有80%多，可见德智体美劳全面发展更受学生欢迎。

3. 榜样评选要注意发挥学生的积极性和主动性

调查发现，大学生对影响校内外榜样作用发挥的主要原因依次归结为“评选条件不科学”“榜样类型不合理”“推荐程序不严谨”“评选结果没有完全由学生投票选出”，可以看出，在榜样评选中，学生的知情权和参与权很重要。要注重发挥大学生的主体积极性，激发其自我教育的需求，使其对照榜样、追求先进，将榜样精神内化为自身的冲动，外化为积极行为，才能发挥榜样应有的正能量激励作用。

4. 成为榜样主要靠自身努力，同时学校也要做好培养宣传工作

马克思主义认为，事物变化发展是内因和外因共同起作用的结果，内因是事物变化发展的根据，外因是事物变化发展的条件，外因通过内因起作用。调查表明，对于“高校大学生榜样的生成”，

57.5%的大学生认为主要是“个人努力”，同时也需要“学校培育”和“家庭教育”。在榜样选拔中，要多从“具有突出品质和能力的学生”以及“班团干部”中选择；在培养培育中，学校的着力点应放在“营造积极向上的学习榜样氛围”“形成导师制培育机制”“建立培育榜样苗子的训练体系”上；在评选机制中，更多注重“建立公平的榜样评选机制”和“树立科学的榜样类型”；在扩大宣传上，学校要更广泛开展“现场交流”“网上互动宣传”“专题报道”等活动。另外，“学校培育”在培养高校大学生榜样方面与学生期望还有一定差距。这说明，我们高校榜样教育培养工作应该认真反思，需要针对新时代大学生特点，树立“以学生为中心”的工作理念，要因事而化、因时而进、因势而新，不断增强工作针对性和实效性。

5.4.4 道德模范特征与社会主义核心价值观追求同心同德

社会主义核心价值观关乎人的思想建设、灵魂建设。习近平说过：“核心价值观，其实就是一种德，既是个人的德，也是一种大德，就是国家的德、社会的德。国无德不兴，人无德不立”①。道德模范的培育就主要体现在“德”的层面。随着时代的发展，“德”的表现也越来越丰满。结合作者的调研结果，新时代高校学子所认同的道德榜样呈现出新的特点。

① 习近平谈治国理政［M］. 北京：外文出版社，2014：168.

1. 道德榜样人物的"典型性"与"普通化"

在价值多元的今天，榜样正由"传统英雄"向"平民典型"转变，越来越多的"草根英雄"得到社会认可和喜爱①。对现在的高校学子来说，传统榜样教育中的榜样代表，他们的成长或成才经历过于不可复制，导致许多榜样"太高尚""太遥远"，只能"远远仰望"学而不得。正如上述调研数据表明，新时代大学生都是有相当的意愿希望能够成为别人心目中的榜样，明确表示"不想"的仅占8.9%，而且普遍认可"自我努力"是实现成功、成为"榜样"的重要途径。因此，这种可以被大多数人所模仿、被认可的"榜样"，除了传统的道德楷模、名人榜样，更多的应该是大学生平凡生活中零距离的同龄模范。因为这些身边人、身边事，可以被模仿甚至可以被超越。就像被习近平总书记点赞过的中国科技大学国防生邵云飞，他的信念就是"平平凡凡做好自己工作就行。"踏实做事、踏实做人，那些从事高铁研制生产的铁路工人和从事特高压、智能电网研究运行的电力工人等"工匠精神"的优秀传承者，也是高校学子们学习与佩服的好榜样。

2. 道德榜样类型的"多样性"与"一元化"

随着时代的发展和思想观念的嬗变，当代大学生的社会需求越来越多样化，价值追求也呈现多元。传统榜样教育中往往由官方确定、行政引导、由上而下的方式带来的榜样代表，模式整齐划一，"根正苗红"的政治要求也过于守旧和单一，导致许多榜样过于理

① 郭立场．榜样认同视角下大学生社会主义核心价值观培育问题研究［J］．思想教育研究，2014（10）．

想化而缺少情感认同。其实，根据时代需要和学生需求，榜样选树的类型已经在与时俱进地越来越丰富了。通过查阅相关文献发现，作为大学生群体内的最高荣誉——“全国大学生年度人物”评选，该活动开始设立时，榜样类型集中在自强励志、科技创新、创业就业等7个方面；之后逐渐修订完善，目前的榜样类型扩展至热爱祖国、敬业奉献、勤奋学习等11个方面。当然，渴望一朝成名、一夜暴富的价值追求也生发出一些不合时宜的追崇，如娱乐化、功利化等哗众取宠的“榜样”等。因此，培育高校学子认同的榜样，把握好“多样丰富”与“一元主导”之间的尺度，是真正实现榜样持久生命力和广泛影响力的关键所在。

3. 道德榜样宣传的“看得见”与“学得着”

榜样的力量是无穷的。班杜拉说过，“大多数人类行为是通过对榜样的观察而获得”①。普通群众对于榜样的了解，一方面来自对于身边的榜样自身及其事迹精神的直观接触和体会，另一方面更多的是通过社会与大众媒体的宣传，甚至在某种程度上完全取决于宣传的成果。因此优秀的榜样能否引领大学生，不仅取决于人物事迹的感染力，也取决于榜样形象是否符合受众需求，是否能够植根于群众心中。加强宣传示范，提升榜样认可，也是在调研中收集到的建议之一。正如当前对榜样的命名，有“楷模（例时代楷模）”“模范（例道德模范、劳动模范）”“标兵（例学习标兵、科技标兵）”“榜样（例青春榜样、北京榜样）”之类，也出现了“最美”

① ［M］A·班杜拉．思想和行为的社会基础——社会认知论（上册）［M］．林颖，等，译．华东师范大学出版社，2011：63.

这样的生动表达。比如，最美乡村教师、最美司机、最美警察、最美村官等，他们虽然都是来自基层的平凡群体、普通一员，但身上满满的正能量尤其产生引人向上、催人奋进的感染力和感召力，激励着人们精神的不断提升。媒体是宣传和推广榜样的重要阵地，因此在榜样宣传中更应特别关注宣传对榜样形象的再造，要力求避免以往传统榜样宣传上“高大全”的完美化倾向，让大众对榜样的认知更立体、榜样的形象更真实，不仅“看得见”，更可“学得着”。

5.4.5 道德榜样培育与社会主义核心价值观目标同向同行

习近平总书记强调，“要切实把社会主义核心价值观贯穿于社会生活方方面面。要通过教育引导、舆论宣传、文化熏陶、实践养成、制度保障等，使社会主义核心价值观内化为人们的精神追求，外化为人们的自觉行动”。[①] 因此，在新的时代背景下，大学生道德榜样培育一定要适应新时代大学生对榜样的认同特点才能顺利推进，这里从教育引导、实践培育、舆论宣传三个方面作为工作的着力点。

1. 教育引导方面，大学生道德榜样培育要在“知”上下功夫

社会主义核心价值观聚焦于培养具有正确世界观、人生观、价值观的社会主义合格建设者和可靠接班人，这也是学校特别是高校的共同使命。

---

① 习近平谈治国理政［M］. 北京：外文出版社，2014：164

榜样教育只有与大学生自身找到切入点引起共鸣，才能激发起价值认同和效仿动力。新时代大学生强调个人意识、在乎人生体验、表现个性张扬，敢于乐于尝试新事物，崇尚创新精神、探索精神。在当前社会思潮主流更加分散，派别更加多元，观念更新加快的时代，既没有形成正确的新时代价值观，又没有把优秀的中华传统价值继承下来。当选树的榜样并没有与自身心理需求引起共鸣，不能从自身心理认同中自发地产生出来，而只能从冷冰冰的客观事实中引申出来，从人与人之间的社会关系要求而来，只是社会和学校推选而来，难以激发内心深处的道德正能量和认同效仿，很显然就不能发挥榜样的应有作用。

因此，我们要借全面深入贯彻落实全国高校思想政治工作会和习近平总书记在北京大学师生座谈会上的讲话精神之机，深化理想信念教育，深刻榜样认同，立足形成更高水平的人才培养体系，不断加强思想政治工作体系建设，将思想政治教育贯穿于学校教育、教学的全过程，将教书育人落实于课堂教学的主渠道之中，发挥所有课程育人功能，落实所有教师育人职责，为榜样的鲜亮底色提供保障。

2. 实践培育方面，大学生道德榜样培育要在“行”上下功夫

培育大学生榜样、弘扬社会主义核心价值观本就是一个知行合一的过程。在榜样的引领下，社会主义核心价值观的学习实践就可能迅速地形成可观的规模和声势。发挥好榜样的示范引领作用，关键在于落实到行为实践中。让榜样真正“领”起来，发挥榜样作为社会主义核心价值观道德符号的功能，换句话来说，就是要让榜样

充当旗帜、指南针，把群众引领到学习榜样的行列中。我们推出每一重大典型，最终都是要学习贯彻，落实到自己的行动中。

华中农业大学的学生徐本禹到贵州山区农村小学支教的先进事迹经宣传报道后，引起强烈反响。徐本禹的事迹感动了无数人，尤其感动了广大青年学生，称他为“新时代大学生的楷模”“中华民族的脊梁”“知识分子的社会良知”。在徐本禹的感召下，先后有全国各地高校的近百名大学生通过社会实践长期义务支教。徐本禹的事迹充分体现了当代大学生理想信念坚定、价值取向正确、积极进取、奋发成才、乐于奉献的精神风貌，塑造了高等学子自觉履行社会责任、积极服务经济社会发展的良好社会形象。徐本禹的事迹可感、可知、可学，既典型又鲜活，既崇高又质朴，既能感染心灵又能启发思考，具有鲜明的时代特征。榜样做出行为示范，更多的人来实践效仿，这样就形成“星星之火，可以燎原”的群发效应和广阔前景，社会主义核心价值观的形成只有在集体奋斗中才能完成，才能形成社会文明风尚和良好风气，让人们在集体中相互感染、激励，就能更快实现个人进步。

高校同样可以内“行”——积极搭建不同类型的德育实践平台，富有成效地组织大学生参加各类的公益活动、志愿服务，同时根据已有榜样的事迹特点和学生成长的不同需求，建立科技创新、志愿服务、自强不息、社会实践等不同主题的动态榜样库，用不同的青春榜样进行分类引导，扩大示范成效，实现对全体学生的有效覆盖和全面引领。高校也可以外“行”——组织大学生走出校园，走向社会，接受社会教育。北京联合大学“智力西部行”爱心支教团队至今已连续6年利用暑期时间走进贵州偏远的贫困山区爱心支教，从一个普通的学生自发联合团体成长为硕果累累的大学生榜样团队。正所谓“动人以言者，其感不深；动人以行者，其应必速”，丰富的实践将为“各行各业”的榜样提供多彩舞台。

3. 舆论宣传方面，大学生榜样培育要在“微”上下功夫

对于舆论宣传，习近平总书记在中共中央政治局第十二次集体学习时为我们提出了工作要求和发展路径，“要旗帜鲜明坚持正确的政治方向、舆论导向、价值取向，通过理念、内容、形式、方法、手段等创新，使正面宣传质量和水平有一个明显提高”①。在大学生榜样培育工作中既要坚持正确的舆论导向，又要借助新时代媒体融合发展的优势，尤其是“微”的活力。这里的“微”，不仅是指当下微信、微博等“微”字号传播方式，还指要在细处着眼，做细做实。要充分运用网络、电视、广播、报纸等手段，采用大学生乐于接受的方式和渠道做好宣传。

因此，不管是近距离感受身边榜样的力量，还是触摸报道里的榜样的精神，只要是有血有肉的，有着常人的喜怒哀乐、酸甜苦辣的，就会让人感到可亲可敬、可信可学。

在榜样宣传方面，要积极探索更务实、更管用的榜样传播路径，以点带面地培育和弘扬社会主义核心价值观。要遵循新闻传播规律和新兴媒体发展规律，强化互联网思维，从传统媒体和新兴媒体的融合中拓展思想政治工作的触角，实现立体化、互动化传播。

---

① 习近平在中共中央政治局第十二次集体学习时强调　推动媒体融合向纵深发展　巩固全党全国人民共同思想基础［N］. 人民日报，2019－1－26（01）.

要加大对榜样事迹的深度挖掘和大力宣传，在榜样培育过程中讲好榜样故事、传播好榜样精神，阐释好榜样魅力，为榜样的生动实践提供滋养。特别是需要从以下几个方面加以改进：一要观念创新。榜样人物宣传报道观念必须更新，要树立坚持主流、服务大众、互动交流、融合发展的新理念，这既是实现中国梦之必需，也是弘扬社会主义核心价值观的时代要求。二要策略创新。要善于发现民情民生关注点，最大限度地贴近百姓的日常生活，以平民化的视角进行宣传报道。同时，用广大群众能够读懂、听懂和喜闻乐见、富有时代气息和人情味的文字和语言进行宣传。三要善于利用新媒体，发挥如网络、微博、微信等新媒体与广播、电视、校报等传统媒体的融合发展优势。要特别注重网上舆论宣传，创新运用网络宣传，遵循传播规律和思想政治教育规律，积极弘扬主旋律和主流价值观，把握好网上舆论引导的时、度、效，大力培育和践行社会主义核心价值观。四要调整宣传报道的话语体系。可采取由媒体发现、学生或网民推荐，自下而上，再由学校参与的报道模式。五要建立完善的媒体受众信息资源库，广泛了解社会受众需求特点和趋势。六要注意营造氛围。要利用好各种有利时机和场合，打造社会、学校、家庭一体化教育环境，积极营造有利于培育和弘扬社会主义核心价值观的社会氛围。

总之，在新时代弘扬社会主义核心价值观的过程中，我们要不断加强道德模范及榜样人物与社会主义核心价值观在内在精神实质和外在实践环节的契合互动，不断归纳总结新时代背景下榜样认同内涵，积极探索榜样培育的新平台和新途径，让见贤思齐成为青年学生的自觉行动，继而汇聚成实现中国梦的强大精神力量。

5.5 营造个人有为、全民参与、社会保障的道德模范养成体系和社会功能发挥机制

道德模范建设是一个渐进的过程，更是一项复杂的系统工程，需要个人、社会、政府联合起来，依托深厚的中华优秀传统文化基础，不断深化道德模范建设的路径，丰富内容，为发挥道德模范社会功能打下良好的基础和条件，形成保障措施的合力，努力在各行各业、各个层面都树起道德榜样，在全社会形成学习道德模范的浓厚氛围、有效机制和文明习惯，发挥道德模范引领、激励、带动等社会功能，推动公民思想道德素质和社会文明程度的不断提升。

5.5.1 充分发挥个人在道德模范养成及其社会功能发挥过程中的主动性和积极性

道德模范社会功能的发挥，是个体在内心层面对道德模范的精神和行为产生了认同，产生积极主动的模仿和学习意识，并以此为标准调整提升自己的道德准则和追求，进而转化为具体的道德行为。如果道德模范的相关选树、宣传、推广活动都做得很充分，但是唯独无法对个体产生深刻的影响，无法激励其去学习模范，效仿

模范，那么其社会功能的发挥是失败的。从这个意义上说，个人受到感染，道德模范社会功能才发挥到实处。对于个人来说，被动的“要我学”和主动的“我要学”具有极大的差别，个人学习态度是否主动直接决定了学习的效果和深度。因此，对于道德模范的学习，必须增强个人的主动性和积极性，主动向道德模范看齐，效仿模范在社会文明建设中发挥自己的积极作用。当然，个体主观能动性和积极性的发挥，既受到个人自身心理状态、道德追求的影响，也受到外在社会环境的熏陶。

1. 提升个人道德学习的质量和效益

加强个人道德学习，不但能够提升自身的道德修养，更加和谐地处理个人与他人、个人与社会之间的关系，而且能够积极影响他人，提升社会的整体道德水平。因此，必须充分调动个人道德学习的主体意识，丰富学习内容，优化学习路径，提升学习效果，在此基础上学以致用，在实践中升华学习的成果。

首先要丰富道德学习的内容。中华优秀传统文化中有很多宝贵的道德理念，有很多道德人物进行了丰富的道德实践和探索，值得今天的我们认真学习借鉴；马克思主义对于道德与榜样也有很多经典论述，是我们进行新时代中国特色社会主义道德建设的重要指引；社会主义核心价值观正在形成，包含了个人私德、社会公德、职业道德、治国之德等一系列内容，是我们在当下施以德行的重要遵循和目标。从古至今涌现出的大量的道德模范和道德人物，也为我们的道德学习提供了更加鲜活生动的素材。

其次要优化道德学习的路径。要丰富学习渠道，既要向书本学习，又要向他人学习，向实践学习，遵循“三人行必有我师”的思想，增强学习的自觉性；要提高学习效率，结合当下的社会生活特点，利用一切可能的时间进行“碎片化”学习，进行集中式思考，提升道德知识学习质量；要创新学习方式，利用网络的便利条件，加强道德学习过程中的互动交流，深化学习效果。

最后要提升道德学习的效果。检验个人道德学习的效果，既要看相关知识内容的掌握情况，更重要的是要突出实践效果。个人要积极投身社会道德实践，以严格的道德标准要求自己，“勿以善小而不为”，多做善事，多行善举；要增强社会责任感，敢于对他人不文明不礼貌的行为说不，敢于在人民群众生命财产安全受到威胁时刻挺身而出、见义勇为；要善于传播正能量，在日常生活中通过自己的道德言行影响他人，提高道德学习的社会效益。

2. 营造良好的社会道德氛围

社会环境和氛围对个体的影响巨大，既是个人进行学习等实践活动的平台，又是保障学习效果的基础环境。从个人的成长历程和生活环境的完整性来考虑，必须着力于构建个人—家庭—单位（学校）—社会一体的良好社会道德氛围。

首先要充分重视家庭对个人的影响，重视家庭美德建设。充分继承中华优秀传统文化中的养料，营造和谐家风，勤俭持家，俭以养德；倡导家庭成员间的尊老爱幼、互敬互爱，“老吾老以及人之老，幼吾幼以及人之幼”；灌输“家国天下”理念，引导个人把对家庭的热爱升华为对整个社会、整个国家的义务和责任。父母等长辈要充分发挥“孩子的第一任老师”的作用，通过自己的道德言行为孩子树立起道德榜样，鼓励、引导孩子在与他人交往中、在具体的社会生活中形成善良、诚实、担当、进取、有为的道德品质，诚以待人，乐于助人，奉献社会，成就自我。让孩子从家庭的浓郁道德氛围中获得熏陶启迪和培育，树立起充分的道德自觉和道德自信。成人要把对家庭的道德构建与对社会的责任统一起来，无论是在家里还是在社会都遵循道德标准，言行一致。

其次要充分重视人们的学习和工作环境中的道德建设。对于学生来说，他们心智成熟、道德思维构建的关键时间基本上都是在学校度过的，每天与老师和同学们朝夕相处，互相关联又互相影响，因此在学校营造浓郁的道德环境十分关键。要加强书本教育，通过开设思想品德、传统道德文化等相关课程向学生系统传授道德理念和知识，尤其要将社会主义核心价值观的相关内容引入教学之中，使学生树立新时代的道德观；要拓宽道德教育路径，通过邀请道德模范做讲座、开展道德主题演讲征文比赛等活动让学生更加生动灵活地掌握相关知识，提升道德追求；要充分发挥教师“行为世范”的作用，加强师德师风建设，为学生树立一个可以学习的目标；要加强同学间的“朋辈”教育，通过学生与学生的日常交往和接触树立社会间人与人交往的一般道德准则。

对于大多数成年人来说，他们都是通过一定的工作来获得生活的保障和社会的定位，因此工作期间的道德氛围塑造同样重要。要大力提倡以爱岗敬业、无私奉献为主题的职业道德教育，引导人们积极投入到社会生活生产建设的方方面面，树立“劳动光荣”的意识；要在工作中正确处理自我与他人、自我与单位、自我与社会的关系，人与人之间以诚相待，互相帮助，树立“集体利益至上”的观念，将个人的发展融入到整个社会的发展中去，在实现社会价值的过程中提升个人的自我价值；要积极承担起自己多重身份下的责任，处理好个人、家庭、工作和社会的关系，在各个层面都能够坚持道德标准，发挥社会进步的正能量，成为社会和谐建设发展的推动者。

最后要营造良好的社会道德环境。在全社会营造一种“讲道德光荣、不讲道德可耻”的氛围，要通过对各种道德模范、标兵的宣传和肯定，引导人们自觉追求道德行为，远离各种损害他人利益、损害社会公共利益的不讲道德行为；要进一步加强社会道德实践平台建设，通过发动社区、街道的力量，通过开展“文明建设岗”“小区志愿者”“交通引导员”等活动，为普通百姓践行道德行为提供岗位平台；要加强日常生活融入式的道德教育，通过印制免费发放的传统文化宣传册、自助图书借阅、道德主体微信平台构建等方式，为百姓加强道德文化学习提供便利。当下，还要充分发挥社会主义核心价值观在社会道德养成中的方向性、基础性作用，通过在全社会范围的广泛宣传推广，让核心价值观深入人心，成为推动社会道德实践的重要力量。

3. 个人要积极主动争当“道德模范”

在良好的社会道德环境下，个人通过系统的理论学习和实践探索，在具备一定的道德素养以及崇高的道德追求基础上，应该更进一步发挥个体的积极性和主动性，在社会生活和生产建设的舞台上争当“道德模范”。要争当个人品德模范，以社会主义核心价值观为指引，爱国、敬业、诚信、友善，严格要求自己，正确处理各方关系，实现个人道德升华；要争当家庭美德模范，秉承中华优秀传统文化的家庭观念，尊老爱幼，团结协作，勤俭持家，将家庭建设成为社会文明发展的和谐助推器；要争当职业道德模范，积极投身职业实践，不断提高自己的专业技能，在新时代中国特色社会主义建设中发挥自己的聪明才智，既安心于平凡岗位、日常工作的默默付出，又敢于在困难问题、复杂局面面前挺身而出，体现出担当意识和大局观念；要争当社会公德模范，文明礼貌待人，与人交往时多“换位思考”，积极为他人排忧解难，承担个体的社会责任。

5.5.2 积极创建全民关注、广泛参与道德模范养成及社会功能发挥的生动场景

道德模范的养成及社会功能发挥与个人相关但绝不仅仅限于单一个体，而是需要充分动员全社会的力量，引发全民关注和广泛参与，使大众在日常化、社会化的道德实践活动中接受教育，在面对社会热点问题、化解困难局面时感受道德的力量，形成一种道德的集体意识和自觉，构建全员参与学模范、做模范、爱模范的生动社会场景。

要使社会大众成为道德模范建设活动的主体。要充分利用现代传播技术和手段，及时将模范选树及宣传推广活动信息传导给社会大众，并通过增强模范与大众日常生活的关联度，深入挖掘模范道德价值内涵等手段，调动大众关注、参与活动的热情。同时，积极

利用网络等新技术手段搭建大众进一步释放道德热情的平台，通过设置优化微博、微信公众号的线上讨论和在线回复等功能设计，让大众有便捷的表达渠道和窗口，并在与模范本人、与他人的沟通交流中深化对道德的认识，增强对活动的关注，形成一种社会热潮，使得更多的人关注和受益。要对大众的积极参与和热情给予及时充分的肯定，通过媒体报道等方式，对大众的积极参与给予回应，肯定其中蕴含的向善意识和正能量，形成一种关注—参与—更多关注参与的良性互动局面。

善于在大众关注的社会热点问题、复杂局面中凸显道德的力量。人的生存和发展是一个复杂又长期的过程，难免会遇到各种困难与阻力，同样在社会层面，改革与发展仍然是当今社会建设的主题，改革的过程不可能一帆风顺，其中必然会面临一些涉及个人利益、社会发展的复杂局面和困难问题，需要个人在小我与大我、自我与社会、道德与经济、当前与长远之间做出选择，在这样的时刻，道德的力量应该得以彰显，成为指引人们做出正确选择的精神力量。因此，应当鼓励道德模范直面各种人生困境和社会热点问题，发出自己的道德声音，树立道德行为的典范，有效回应群众的利益诉求，成为正面的道德引导力量。

打造社会化、生活化的道德模范社会功能发挥场景。道德模范来源于生活，必须回归生活才能更好地发挥自己的积极作用。要将道德模范的内涵融入日常生活的各个场景，将道德的要求强化于公民个人行为准则、行业规范、乡俗公约中，使得道德建设日常化、生活化，成为日常生活的一部分。要将道德模范的社会认可给予生活化的表现，探索建立公民个人道德档案，将公民道德表现给予量化地体现，并进一步地与个人升学、就业、医疗、信贷等社会行为挂钩，给予适当倾斜和更多优惠，以生活化的演示更直观地引导大众学习模范、争当模范。

5.5.3 构建道德模范的相关保障和回报体系

古人云："以德报怨，何以报德？以直报怨，以德报德"。意思是对于坏人的恶行不能一味地妥协忍让、甚至没有原则地给他更好的对待，那样不但坏人会变本加厉，而且对于一直以德行对待别人的人是不公平的。正确的方法应该是对于丑恶行为要坚决地加以抵制和打击，对于良善的行为要给予肯定，以及更多的鼓励和关爱。同样，社会道德建设同样应该建立起惩恶扬善的体制机制，尤其是对于道德模范，要给予必须的尊重、关爱和扶持，构建道德模范回报体系，这既是对模范善行的认可，也会在整个社会营造良好的道德环境，形成关爱模范、学习模范的社会道德风尚。

首先在物质层面，要着力构建基于模范身份的社会保障与回报机制。"道德模范"身份的获得，充分表明了模范个体对于提升大众道德意识和水平、推动社会道德建设做出的突出贡献，即使模范本人并没有希望以此获得社会回报，但从社会良性发展角度，社会应该对此积极回应，尤其是道德带有的自我约束甚至自我牺牲的属性，使得个体在成为模范的过程中有正当利益受到损失的可能。因此，构建基于模范身份的社会保障与回报机制成为社会文明发展的必然。对于生活困难的模范要进行积极的物质保障与帮扶，遵循全面覆盖又突出重点的原则，帮助模范应对在基本生活、医疗、住房、求学、养老等各个方面的问题；帮扶形式灵活多样，既可以给予现金支持，也可以通过购买第三方服务（如养老社区）、协调相关资源（比如优质教育资源）来实现；帮与扶相结合，在保障日常生活的同时，鼓励有条件的生活困难模范通过自力更生进一步提升自己的生活质量。要进一步探索建立健全道德模范社会回报机制。对于拾金不昧、见义勇为等模范行为，在给予精神肯定的同时给予适当的物质鼓励和回报，尤其是对于人们普遍关注的见义勇为行为，直接关系模范个人的生命财产安全，必须给予最大的社会保障和关怀，绝不能让英雄“流血又流泪”。

其次在精神层面，要给予模范更多的价值肯定和社会礼遇。道德模范具有多重价值，体现在社会生活的各个方面、社会生产的各个环节。在生活中要给予模范更多的肯定和礼遇，比如在节日庆典和重大社会活动中邀请道德模范参与或出席，这既是对模范个人社会价值的肯定，也是对大众的有效的道德教育；在一些日常生活的微小场景里同样可以礼遇模范，比如在车、船、飞机票购买过程中模范优先，在公交车上设立模范专座，在医院就诊过程中设立“模范专区”等，将对模范的礼遇与社会生活紧密结合。同样，对模范的价值肯定和礼遇也可以体现在社会生产过程中，比如以模范的名字命名一些生产业务团队，像前述的“郭明义工作小队”“雷锋团队”等，既是对当事人的肯定，也是面向大众的道德模范价值宣扬；还有对于道德模范个人在就业、创业方面的政策扶持、税收优惠、技能培训、低息贷款等举措，也是模范个人价值在社会生产领域实现的表现。

最后在事业层面，要为模范充分发挥社会功能创造机会搭建平台。道德模范是社会道德建设的宝贵财富和重要资源，要多措并举，调动模范参与社会道德建设的主动性和积极性，充分释放模范财富资源的活力和创造力，使其持续地发挥作用。通过建立各层级各地区的模范基本信息登记制度，动态掌握模范数量、行业分布、年龄结构、政治面貌等基本信息并做及时地更新维护，为相关工作开展打下基础，有的放矢；构建道德模范社会功能内容体系，从政治、经济、文化、生态等各方面梳理总结模范的功能效力范围，实现对社会生活的有效覆盖，为充分发挥道德模范作用找准目标；积极促进道德模范与对应社会工作的有效对接和功能实现，把模范个体推向社会大众，把模范的自我价值在实现社会价值的过程中不断放大，实现相关功能的充分发挥。

5.5.4　充分提升道德模范社会功能发挥的重要意义和时代价值

充分发挥道德模范的社会功能，其重要意义不仅在于当下，也是对历史的传承和对未来社会道德体系的积极构建；不仅在于个人道德水平的提升，也是对国民道德素质的整体升华；不仅在于社会主义精神文明建设的充实，也是推动包含社会物质文明建设的各项事业发展的重要力量。无论是各级政府、社会力量还是每一位公民，都要充分认识到道德模范乃至道德建设的重要作用和时代意义，珍惜这一宝贵精神资源和道德财富，实现其政治效益、社会效益、文化效益的最大化。

第一，必须要切实提高站位，增强学习道德模范的积极性和主动性。必须坚持以习近平同志为核心，站在为实现中华民族伟大复兴中国梦提供精神力量的角度，充分认识学习道德模范、弘扬模范精神的重要性，自觉地把个人向模范学习、不断提升道德水平转化为新时代公民不可或缺的自我完善路径和内容，积极适应社会发展和建设的需要。加强学习，首先要丰富内容，既要学习模范的事迹，又要学习模范的精神，尤其是他们将集体利益、国家利益置于个人利益之上的牺牲精神，在平凡岗位上忘我工作、任劳任怨的“老黄牛精神”，面对复杂问题、困难局面敢于创新、迎难而上的“钉钉子”精神，以模范为引领改造自己的精神世界，以模范为榜样积极促进个人的道德实践。加强模范学习，还要进一步拓展路径。要向书本学习，系统掌握中华民族道德文化建设的历史脉络，掌握当前社会主义核心价值观的道德要义，掌握新时代中国特色社会主义建设的道德要求，知其然知其所以然，形成立体的贯通的道德认知结构体系，构建深厚的文化自信和道德自律。再次，还要学以致用，在实践中体现道德学习的价值，扩大道德学习的效果和影响。在个人生活、社会建设的各个方面践行道德模范的标准，对标对表，改正自己的道德认识偏差，规范自己的道德行为实践，并积极的影响他人，形成融洽的道德养成氛围，形成互促互进的道德建设局面。最后，还要及时总结，不断更新、提升道德建设的新鲜经验和有效成果。道德文化的建设是一个不断发展的过程，一些推广道德模范的好的经验、提升个人道德水准的好的方法需要不断在过程中总结提炼并及时推广，形成实践－理论－实践的闭环，积累经验，提升道德模范社会功能的效益。

第二，必须要坚持问题导向，有针对性地提升道德模范社会功能发挥全流程的薄弱环节。客观地说，我国的道德模范建设具有深厚的历史传承和扎实的马克思主义理论基础，有丰富的实践支撑和全国体制的系统保障，选树了无数的道德模范，为社会大众的道德水平提升、营造良好的社会道德氛围做出了突出的贡献。但是事物总是不断发展的，事物的发展是一个否定之否定的过程，在肯定以往道德模范选树及社会功能发挥的前提下，我们必须坚持问题导向，正视并积极改正发展过程中的问题，使得道德模范始终能够成为社会主义核心价值观的集中体现、充分代表，并引领社会大众的道德水平提升。在道德模范的选树环节，还存在程序不够公开、群众参与不够充分的问题，存在选树的道德模范趋同性突出、典型性不够的问题；在道德模范的宣传环节，还存在发力不均、“上热中温下凉”的结构性问题，对于网络重视不够、宣传方式固化单一的问题，定位不够精准、不能有效融入大众的问题；在对道德模范的保障方面，还存在相关体制机制不完善的问题；在对各种道德模范选树活动的规范管理方面，还存在主体缺位、标准缺失、考核缺乏的问题。凡此种种，都需要我们切实加以解决，剖析问题，提升效果。结合当前道德模范社会功能各环节存在的问题现状，需要中央牵头，对全国各层次的道德选树推广活动进行一次系统地规范性地梳理，尤其要进行相关程序公开公平公正性地确认，坚决取缔以选树模范之名谋取私利的倾向和行为，提升大众对模范评选活动的满意度和信任度。需要根据梳理的结果，进一步发现问题，通过制度的制定和完善查缺补漏，为道德模范建设提供持久的动力。尤其要完善对相关活动的量化考核评价机制，以评促优、以考促建。

第三，必须重视人才建设，提升道德模范相关工作的专业化和科学化水平。让专业的人做专业的事情，是提升各项工作效率和科学化水平的重要条件。当前围绕道德模范的选树和宣传推广聚集了大量的政府部门、社会机构和工作人员，但是很多部门、很多机构在开展相关工作时认识不到此项工作的特殊性和重要性，计划设定不科学，人员分配不充分，往往不能抽出专人专岗进行专门工作，一定程度上影响了相关工作成效。考虑到道德模范相关工作的广泛影响力和社会重要性，必须切实加强专业化的人才建设，提升科学化水平。首先要合理选拔人才，不能以学历论人才，但是要结合工作需要吸收社会学、传播学、伦理学、思政教育的专业人才加入道德模范工作队伍中来，切实提升专业化水平；要选拔有丰富基层工作经历，尤其是有服务群众一线工作经历的同志进入到队伍中来，将百姓的关切和需求更好地融入工作中。其次要加强对人员的培训。要加强理论研究和实践总结，及时形成针对道德模范相关工作人员的培训教材和教育教学方法，为做好工作提供必要的技能支持。再次要加强人员的交流。要实现从上到下的交流，把中央、省市一级的同志派到区县等基层地方去，发挥他们熟悉中央政策和精神的优势，把握基层道德模范选树活动的政治性和科学性；其次要实现从下往上的交流，通过基层的同志将群众的意见和需求直接体现在中央层面的政策制定中、活动开展中，让相关活动更加“接地气”，还要实现“内与外”的交流，通过人员的体制内外交流锻炼，各取所长，共同发展。最后要建立个人志向的考核体制。要以社会效益为核心，对相关工作人员的工作质量和效率进行考核，并将考核与个人的奖惩和事业发展相结合，进一步提升工作的积极性和主动性。

6　总结与展望

6.1　总　结

道德模范是新时代中国特色社会主义建设的宝贵财富。充分发挥道德模范社会功能，以模范的道德理念和精神追求感染大众、激励大众、教化大众、引导大众，形成人人学习模范、爱护模范、成为模范的良好社会道德氛围，推动大众在社会生活和生产实践中爱岗敬业、乐于助人、诚实守信、尊老爱幼，是社会主义核心价值观的集中体现，是实现中华民族伟大复兴中国梦的重要推动力量，是在传统文化的孕育中、时代发展需求的呼唤下涌现出的道德典型，体现了传统与现代、思想与实践、个人与社会道德追求的高度统一。

突出历史视野。充分发挥道德模范社会功能，是对中华优秀传统文化蕴含的道德理念、道德思维的继承与创新。从老子提出的“圣人”理念、孔子提倡的“君子”人格，再到历朝历代先贤围绕个人道德修养与社会道德建设提出的种种真知灼见，逐渐构成了覆盖个人、家庭、国家乃至天下的道德建设文化体系。该体系，不但滋润了历史中的国民人心，也为我们今天的道德建设提供了源源不断的文化滋养和精神支撑。新中国成立以后，中国共产党成为社会主义事业的领导核心，高度重视社会道德建设，通过有效举措，引导人们在新中国成立初期一穷二白的社会生产环境下自力更生、艰苦创业；激励人们在改革开放、市场经济环境下正确处理个人与集体、金钱与道德的关系，推动社会健康发展；以实现中华民族伟大复兴中国梦为指引，培养个人、社会、国家三个层面的社会主义核心价值观，加强个人品德、家庭美德、社会公德建设，推进新时代的社会主义建设。

坚持问题导向。我们必须看到道德模范对于推动社会文明进步所作出的历史贡献和当代意义，也要看到在社会转型期、改革攻坚期道德模范面临的多重困境和问题。发现问题才能解决问题，正视问题才能找到下一步改进完善的方向。当前道德模范选树及其社会功能发挥存在的问题包括各道德模范评选和推广活动自身存在的不完善情况，大众对于日益增多的道德模范的认知疲劳、思想怀疑，网络虚无主义、享乐主义、拜金主义对于道德思想的冲击，以及对大学生等重要社会群体的关照不足等。产生这些问题的原因是多方面的，既有体制机制的不完善，也有具体环节的程序缺失；既有社会个体道德认知的不平衡，也有社会多元思想的冲击；既有物质支持保障层面的不到位，也有精神价值典型提炼的不充分，需要我们以整体的思维进行全面的把握，于纷繁中梳理出明确有效的解决方案。

重视个案研究。2007 年开始的全国道德模范评选和表彰活动，以及在社会产生广泛影响力的“感动中国”人物评选等活动，为我们近距离地审视当下道德模范及其社会功能发挥的现状提供了良好范例。尤其是全国道德模范评选表彰活动，规格高、时间长、覆盖广、影响大，一定程度上已经成为中国社会道德建设的一张名片。通过对其自上而下的探究，以问卷调查的方式了解大众对其基本认知、参与程度、作用认可等方面的内容，进一步梳理明确了模范在人物选树与典型塑造、官方推介与大众接受、社会保障与作用发挥诸环节的影响因素，为在今后更好地提升此类活动的社会效益提供了借鉴，也为在整个社会更好地发挥道德模范社会功能提供了参考。

着眼全面提升。道德模范是一种社会的存在，道德模范社会功能发挥需要充分调动各种社会资源，发挥各方面积极力量，形成一种整体推进态势。积极发挥理论对实践的巨大指导作用，运用社会符号学、传播学、马克思主义理论、思想政治理论等，为道德模范社会功能发挥提供理论支撑、开拓实践路径：充分挖掘道德模范的多重价值，打造中国的道德符号，实现中国与世界在道德文化层面的对话与交流；构建多元的道德模范传播体系，塑造道德模范典型人物形象，增强传播的针对性和有效性；充分发挥党员领导干部的先锋模范作用，在个人道德修为、社会道德建设、国家道德治理等方面争当模范，实现德才兼备、以德为先；高度重视针对大学生群体的道德模范榜样教育，将社会主义核心价值观融入青年学生的世界观、人生观、价值观当中，为社会主义现代化建设培养合格的建设者和接班人；激发个体争当模范的内在心理机制，营造整个社会关爱模范、尊敬模范的良好氛围，积极打造道德模范社会功能发挥的社会平台。

6.2 展 望

基于以上研究，对于道德模范社会功能发挥的未来展望是：人民大众创造模范、政府服务保障模范、社会关爱礼遇模范，三者共同构建道德模范产生及发挥作用的运转体系，使模范与人民同呼吸，与时代共命运，为党和政府领导下的新时代中国特色社会主义建设贡献力量。具体包括：

大众成为道德模范社会功能发挥的主体。首先，模范来源于大众，人皆可为尧舜。每一位社会个体都可以通过自己的道德言行和实践，在平凡的生活中实现道德追求的升华，成为大众追随学习的道德典范。其次，模范的传播依靠大众。尤其是网络技术的进一步优化普及，大众不再是单一的信息接受和传播者，还可以成为内容的创造者，并在传播的过程中将自己的道德见解和观点熔铸其中，使得道德模范的传播更加贴近百姓情感，更能够引起大众共鸣。最后，模范社会功能的发挥服务大众生活。模范的引导、教化、激励等功能，具化为可供大众学习借鉴的个人、家庭、社会道德建设的行动指南，可以提升大众生活的和谐氛围和幸福指数。

政府为道德模范社会功能发挥提供服务和保障。政府从模范选树推广的前台转向幕后，淡化模范的政治属性，突出人民属性和道德属性，不能将模范简化为单纯的宣教工具。政府的职责定位进一步明确为为道德模范社会功能发挥提供平台和基础，保障到位但是不能越位。要下大力气对当前各级各类模范评选表彰活动进行梳理和规范，完善相关流程，量化考核标准，保证活动质量和社会效益；进一步完善相关体制机制，保障模范日常生活，提升模范社会地位；加强对见义勇为等各种道德行为的立法保障，探索将更多的物质肯定融入对模范的表彰中。

整个社会形成关爱礼遇模范、争当道德模范的生动场景。模范不再高不可攀，也不再是社会的少数，而是紧密地融入百姓的日常生活之中，在与大众的朝夕相处中发挥自己的道德力量，在社会生产建设中闪耀自己的道德光芒。大众与道德模范的情感距离极大拉近，发自内心地尊重模范，真心向模范学习，努力向模范靠拢，个体道德追求不断提升，整个社会道德尊崇蔚然成风，形成生动和谐的社会道德建设场景。

总之，中国的道德文化建设是一项承前启后、继往开来的事业，道德模范及其社会功能发挥是其中的重要内容和重点环节，我们必须下更大的决心、以更大的勇气、用更有效的举措发现模范、培养模范、宣传模范，搭建模范社会功能发挥平台，形成人人争当模范、人人都是模范、社会道德文明水平不断提升的生动画面。

参考文献

著作：

［1］［法］皮埃尔·吉罗．符号学概论［M］．怀宇，译．成都：四川人民出版社，1988.

［2］［德］卡尔·曼海姆．意识形态和乌托邦［M］．艾彦，译．北京：华夏出版社，2001.

［3］［英］Jorge Larrain. 意识形态与文化身份：现代性和第三世界的在场［M］．戴从容，译．上海：上海教育出版社，2005.

［4］［法］皮埃尔·布迪厄，［美］华康德．实践与反思——社会学导引［M］．李猛，李康译，北京：中央编译出版社，2004.

［5］［美］林南．社会资本——关于社会结构与行动的理论［M］．张磊译，上海：上海人民出版社，2005.

［6］中共中央马克思恩格斯列宁斯大林著作编译局．回忆马克思［M］．北京：人民出版社，2005.

［7］［美］韦恩·卡肖．人：活的资源—人力资源管理［M］．北京：煤炭工业出版社，1989.

［8］孙中山．三民主义［M］．长沙：岳麓书社，2000.

［9］王道俊，王汉澜．教育学［M］．北京：人民出版社，1987.

［10］潘小平，黄新．中国力量－道德模范纪实［M］．合肥：安徽少年儿童出版社，2012.

［11］苏国勋．社会理论与当代现实［M］．北京：北京大学出版社，2005.

［12］张燕婴译著，论语［M］．上海：中华书局出版社，2006.

［13］刘守旗．教育的艺术：苏霍姆林斯基100教育案例评析［M］．广州：中山大学出版社，2003.

［14］周辅成．西方伦理学名著选集（下册）［M］．上海：上海人民出版社，1964.

［15］朱金平．新闻典型论［M］．北京：长征出版社，2003.

［16］姚福申主编．新时期中国新闻传播述评［M］．上海：复旦大学出版社，2002.

［17］李连科．世界的意义一一价值论［M］．北京：人民出版社，1985.

［18］中共中央宣传部宣传教育局．第三届中国公民道德论坛［M］．北京：学习出版社，2007.

[19] 唐凯麟. 伦理学 [M]. 北京：高等教育出版社，2001.

[20] 秦树理. 公民道德导论 [M]. 郑州：郑州大学出版社，2008.

[21] 秦树理，杜鹃，陈思坤：国外公民学 [M]. 郑州：郑州大学出版社，2009.

[22] 苏振芳. 道德教育论 [M]. 北京：社会科学文献出版社，2006.

[23] 田秀云. 社会道德与个体道德 [M]. 北京：人民出版社，2004.

[24] 苏振芳. 道德教育论 [M]. 北京：社会科学文献出版社，2006.

[25] 刘新庚. 现代思想政治教育方法论 [M]. 北京：人民出版社，2006.

[26] 高清海等. 人的“类生命”与“类哲学” [M]. 长春：吉林人民出版社，1998.

[27] 万俊人. 20 世纪西方伦理学经典—伦理学主题：价值与人生 [M]. 北京：中国人民大学出版社，2004.

[28] 刘小枫. 现代性社会理论绪论 [M]. 上海：上海三联书店，1998.

[29] 编写组. 社会主义核心价值观体系教育读本 [M]. 北京：中央文献出版社，2007.

[30] 张意. 文化与符号权力——布尔迪厄的文化社会学导论

[M]. 北京：中国社会科学出版社，2005.

[31] 苏国勋. 社会理论与当代现实 [M]. 北京：北京大学出版社，2005.

[32] 黄华新，陈宗明. 符号学导论 [M]. 郑州：河南人民出版社，2004.

[33] 高概. 话语符号学 [M]. 北京：北京大学出版社，1997.

[34] 彭怀祖，姜朝晖著. 榜样论 [M]. 北京：人民出版社，2002.

[35] 孟登迎. 意识形态与主体建构：阿尔都塞意识形态理论 [M]. 北京：中国社会科学出版社，2002.

[36] 李云峰. 二十世纪中国史 [M]. 西安：西北大学出版社，1993.

[37] 中正大学教育研究所编. 质的研究方法 [M]. 高雄：丽文文化公司，2000.

[38] 陈广生. 雷锋在我心中 [M]. 上海：上海大学出版社，2002.

[39] 许庆朴，张福记主编. 近现代中国社会（下册）[M]. 济南：齐鲁书社，2002.

[40] 柯永辉，张锦华等. 媒体的女人，女人的媒体 [M]. 台北：台湾硕人出版有限公司，1995.

[41] 王道俊，王汉澜. 教育学 [M]. 北京：人民教育出版

社，2004.

[42] 赵翰章．德育论［M］．长春：吉林教育出版社，1987.

[43] 苏峰山．意识、权力与教育—教育社会学理论导读［M］．高雄：高雄复文图书出版社，2002.

[44] 孙立平．转型与断裂：改革以来中国社会结构的变迁［M］．北京：清华大学出版社，2004.

[45] 张建成．批判的教育社会学研究［M］．台北：台北学富文化事业有限公司，2002.

[46] 陈向明．质的研究方法与社会科学研究［M］．北京：教育科学出版社，2000.

[47] 张静．国家与社会［M］．杭州：浙江人民出版社，1998.

[48] 齐学红．走在回家的路上——学校生活中的个人知识［M］．北京：北京师范大学出版社，2005.

[49] 齐学红．学校生活中的教师和学生［M］．济南：山东教育出版社，2006.

学位论文：

[1] 李花．当代道德模范精神价值研究［D］．郑州大学，2013.

[2] 欧阳海青．论思想政治教育中道德模范的作用［D］．湖

南师范大学，2009.

［3］李洋波．道德模范宣传中存在的问题及对策研究［D］．山东师范大学，2015.

［4］冯艳伟．“沧州好人”后援会帮扶道德模范工作存在的问题及对策研究［D］．河北师范大学，2015.

［5］徐荟涵．道德模范评选类电视节目研究［D］．新疆大学，2014.

［6］夏亮．基于道德模范评选表彰活动的公民道德教育研究［D］．南华大学，2014.

［7］赵瞳．公职人员诚信行为及其动因研究［D］．河北经贸大学，2016.

［8］邱香香．学习道德模范活动常态化研究［D］．江西师范大学，2016.

［9］高荣荣．当代大学生道德模范教育研究［D］．山西师范大学，2016.

［10］王冬妮．论道德运行的社会制约性因素及加强道德建设的举措［D］．吉林农业大学，2013.

［11］李娅．道德模范学习的社会教化方法研究［D］．东北师范大学，2013.

［12］李盼强．新时期树立道德模范人物研究［D］．中南大学，2013.

［13］王嘉惠．“沧州好人”在社会道德建设中的价值研究

[D]. 河北师范大学，2015.

[14] 尹星晗. 公职人员助人行为动因研究 [D]. 河北经贸大学，2016.

[15] 张意敏. 公职人员见义勇为行为动因研究 [D]. 河北经贸大学，2016.

[16] 白臣. 道德自觉论 [D]. 河北师范大学，2014.

[17] 杨淑艳. 政府干预下的社会转型期道德建设研究 [D]. 哈尔滨理工大学，2013.

[18] 严蔚刚. 道德矢量论 [D]. 东北师范大学，2010.

[19] 宋志广. 道德原型观的调查及其内隐研究 [D]. 郑州大学，2011.

[20] 张爽. 政治运作视阈下的当代中国榜样机制研究 [D]. 广西师范学院，2012.

期刊论文：

[1] 张健，张吉. 封建社会道德模范宣传的经济学分析 [J]. 石家庄经济学院学报，2012，35 (01)：40－44.

[2] 曾长秋，李盼强. 树立道德模范人物与提升公民道德价值观 [J]. 中州学刊，2012，(03)：33－36.

[3] 丁天全，丁菊秀. 公众心目中的道德模范状况调查——以海南省为例 [J]. 社科纵横（新理论版），2012，27 (02)：

84－85.

[4] 花瑞锋．推选学习道德模范对青少年榜样教育的启示[J]．学校党建与思想教育，2012，(10)：53－54＋77.

[5] 崔婷婷．论道德模范影响力的提升［J］．湖南社会科学，2012，(06)：8－11.

[6] 陈媛．运用道德模范力量增强大学生社会责任感［J］．广西教育学院学报，2012，(06)：112－114＋127.

[7] 沈壮海，王迎迎．大学生对道德模范的了解情况——基于全国35所高校的调研［J］．道德与文明，2016，(06)：33－40.

[8] 黄钊．论评选表彰道德模范的深远意义［J］．思想政治教育研究，2009，25 (03)：1－3.

[9] 李祖超．运用道德模范加强大学生思想道德教育［J］．学校党建与思想教育（上半月)，2008，(08)：17－18.

[10] 黄捷．论评选道德模范的相关法律问题［J］．湖南师范大学社会科学学报，2008，(05)：47－51.

[11] 柳礼泉，庞申伟．道德模范选树与公民道德建设［J］．伦理学研究，2015，(06)：35－39.

[12] 吴卫．发挥道德模范引领作用［J］．湘潮（下半月)，2015，(12)：60－61.

[13] 冯荣．道德模范学习宣传常态化的逻辑审视及三维路径建构——以学郭文标为例［J］．台州学院学报，2015，37 (05)：85－88.

[14] 任慧瑶．黑龙江省铁力农场开展“道德模范评选”活动的经验与启示［J］．农场经济管理，2016，(02)：60－61.

[15] 陈东辉．河南省道德模范人物群体分析［J］．中共珠海市委党校珠海市行政学院学报，2016，(02)：32－39.

[16] 覃正爱．道德模范的内涵、特征及意义［J］．理论视野，2016，(04)：41－44.

[17] 朱小曼，张佳亮．以学习宣传道德模范活动引领高校学生党建工作创新［J］．科教文汇（上旬刊），2016，(07)：1－2.

[18] 吴新平，蔡海波．道德模范人物在公民道德建设中的影响——以杭州最美妈妈吴菊萍为例［J］．人民论坛，2015，(02)：163－165.

[19] 黄富峰．区域美德与道德资源建设——以山东省聊城市改革开放以来的道德模范人物为例［J］．道德与文明，2015，(02)：99－102.

[20] 谷岩．新时期高校增强道德模范影响力的对策研究［J］．学校党建与思想教育，2015，(06)：15－16.

[21] 张晓霞．全国孝老爱亲道德模范的形象特征分析［J］．中国市场，2015，(11)：126－127.

[22] 马小敏．以道德模范引领社会主义核心价值观——以福建师范大学首届道德模范为例［J］．文化学刊，2015，(06)：140－142.

[23] 马振清，修丽．树立道德模范引领社会主义核心价值观

的培育和践行［J］．北京教育（德育），2015，(03)：12－15.

［24］黄翠新．生活世界：道德生成与涵养之域——以道德模范郭文标为例［J］．教育与教学研究，2015，29（07)：44－49.

［25］巴鑫伟．论学习道德模范人物常态化——兼论传播社会主义核心价值观的有效途径［J］．学理论，2015，（17)：253－254.

［26］范颖．对道德模范宣传常态化建设的思考［J］．学理论，2015，(27)：14－15.

［27］崔华华，崔建利．生活化视域下大学生学习道德模范常态化问题探析——以学雷锋为例［J］．西北工业大学学报（社会科学版)，2015，35（03)：64－69.

［28］崔卓群．论道德模范评选表彰活动的价值［J］．现代交际，2015，(10)：19－20.

［29］赵素锦．道德模范评选的德性之思［J］．中国矿业大学学报（社会科学版)，2007，(04)：88－92.

［30］李小文．试论道德模范在道德建设中的引领作用［J］．吕梁教育学院学报，2007，(03)：56－58.

［31］张军．道德回报——道德模范常态化的时代呼唤［J］．湖南社会科学，2013，(04)：27－30.

［32］阿依先木古丽·赛来．道德模范在大学生德育中的作用［J］．赤峰学院学报（自然科学版)，2013，29（21)：242－243.

［33］赵志业．学习道德模范常态化的理论审视与路径建

构——以学雷锋为例［J］．科学经济社会，2013，31（02）：170－173＋178.

［34］刘灿婷．积极推进我国道德模范常态化建设——基于学雷锋活动的思考［J］．法制与社会，2013，(18)：194－195.

［35］周围，夏亮．论道德模范评选表彰活动的社会道德价值导向［J］．南华大学学报（社会科学版），2013，14（05）：14－19.

［36］田春来．基于道德模范视角，推进社会主义核心价值观建设——以浙江丽水为例［J］．山西农经，2017，(09)：86－87.

［37］宗晶．大众传播载体的思想政治教育功能实现——基于对道德模范典型宣传的理性思考［J］．兰州交通大学学报，2011，30（05）：188－190＋209.

［38］王连杰，王公杰．论高校推进道德模范宣传教育常态化建设——以"雷锋精神"为视角的考察［J］．学理论，2014，(03)：280－281.

［39］刘艳．道德模范在高职大学生中的影响力研究［J］．企业家天地（下半月刊），2014，(05)：160－161.

［40］陆艺，张祥浩．思想政治教育大众化的内涵及要素解析——以道德模范评选表彰活动为范例［J］．东南大学学报（哲学社会科学版），2010，12（04）：121－125＋128.

外文：

[1] William L. Dunlop; Lawrence J. Walker; M. Kyle Matsuba. The distinctive moral personality of care exemplars [J]. The Journal of Positive Psychology, 2012, 3: 131 -143.

[2] M K Matsuba. Caring for their Community: Study of Moral Exemplars in Transition to Adulthood Spotlight on M. Kyle Matsuba [J]. Journal of College and Character, 2003, 12.

[3] Cindy Rugeley, Montgomery Van Wart. Everyday Moral Exemplars: The Case of Judge Sam Medina [J]. Public Integrity, 2006, 10: 381 -394.

[4] Susan E. Zinner. Paragons of Virtue [J]. Public Integrity, 2014, 10: 411 -422.

[5] Jean Ketter, Cynthia Lewis. Stabilizing and Destabilizing the "Ideal" Teacher in a Rural Teacher Book Group: Protective Guide, Moral Exemplar, and Purveyor of Middle Class Values [J]. Critical Inquiry in Language Studies, 2015, 122.

[6] Lawrence J. Walker. The Perceived Personality of Moral Exemplars [J]. Journal of Moral Education, 1999, 282.

[7] Williams, Kenneth R. The Noncommissioned Officer as MORAL Exemplar [J]. Military Review, 2009, 895.

[8] M. Kyle Matsuba, Lawrence J. Walker. Young Adult Moral Exemplars: The Making of Self Through Stories [J]. Journal of Research on Adolescence, 2005, 153.

[9] Carla Ingrando. The Role of Moral Exemplars in the Teaching and Learning of Practical Reason in a Catholic University [J]. Teaching Theology & Religion, 2003, 4: 105-112.

[10] Walker Lawrence J, Frimer Jeremy A. Moral personality of brave and caring exemplars [J]. Journal of Personality and Social Psychology, 2007, 935.

[11] Walker Lawrence J, Hennig Karl H. Differing conceptions of moral exemplarity: just, brave, and caring [J]. Journal of Personality and Social Psychology, 2004, 864.

[12] Liaschenko Joan, Peter Elizabeth. Nursing ethics and conceptualizations of nursing: profession, practice and work [J]. Journal of Advanced Nursing, 2004, 465.

[13] Frey William J. Teaching virtue: pedagogical implications of moral psychology [J]. Science and Engineering Ethics, 2010: 163.

[14] Frimer Jeremy A, Walker Lawrence J, Lee Brenda H, Riches Amanda, Dunlop William L. Hierarchical Integration of Agency and Communion: A Study of Influential Moral Figures [J]. Journal of Personality, 2012.

[15] Frimer Jeremy A, Walker Lawrence J, Lee Brenda H, Rich-

es Amanda, Dunlop William L. Hierarchical integration of agency and communion: a study of influential moral figures [J]. Journal of Personality, 2012, 804: .

其他

[1] 人民网. 刘云山. 2013 年 9 月 26 日在第四届道德模范座谈会上的讲话《学习道德模范，加强公民道德建设》[EB/OL]. 2013-09-28

http://cpc.people.com.cn/n/2013/0928/c64387-23064979.html

[2] 中国精神文明建设年鉴编辑委员会. 中央精神文明建设指导委员会关于进一步做好评选表彰道德模范工作的决定（2008 年 2 月 28 日），《中国精神文明建设年鉴（2009）》[Z]. 北京：学习出版社，2009：29

[3] 中国网.《完善社会主义市场经济体制若干问题的决定（全文）》[EB/OL]. 2003 年 10 月 22 日 http://www.china.com.cn/chinese/zhuanti/sljszqh/426675.htm

[4] 中共中央宣传部《公民道德建设实施纲要》第 16 点，中国精神文明建设年鉴编辑委员会.《中国精神文明建设年鉴（2001）》[Z]. 北京：学习出版社，2002：85

[5] 胡锦涛. 会见道德模范强调切实加强道德建设 [N]. 新华社，2007-9-18

[6] 胡锦涛. 在2010年全国劳动模范和先进工作者表彰大会上的讲话 [N]. 新华社，2010-4-27

[7] 习近平. 在同全国劳动模范代表座谈时的讲话 [N]. 人民日报，2013-4-29

[8] 习近平. 在会见第四届道德模范及提名奖获得者时的讲话 [N]. 人民日报，2013-9-27

[9] 成云雷. 当代中国建设中的榜样作用 [J]. 毛泽东邓小平理论研究，2005 (03).

[10] 吕绍刚：《不离不弃、情义千金……道德模范评选展示给我们什么》，《中国职工教育》，2009 (08).

[11] 胡锦涛. 高举中国特色社会主义伟大旗帜为夺取全面建设小康社会新胜利而奋斗 [N]. 人民日报，2007-10-15

[12] 胡锦涛. 在中国共产党第十八次全国代表大会上的报告 [DB]. 新华网，2012：12.